Lo que la gente dice del pri.... .... ,
Happily Remarried [Felizmente casados de nuevo]

Optimista y a la vez realista... una mina de oro de información útil en un formato fácil."

—**ArmChairInterviews.com**

"Un enfoque con sentido común y bíblicamente arraigado... Desearía haber tenido el libro hace 20 años cuando, después de un doloroso divorcio, finalmente hallé la valentía para volver a casarme... Yo [lo recomendaría] a todo el que plantee el tema del segundo matrimonio."

—**Dave García**, director de alabanza
North Coast Church, Vista, California

"Las cuatro estrategias clave para la unidad matrimonial son magníficas y prácticas."

—**Saúl y Saúline Hicks**, pastores jubilados

"Oportuno... [no sólo] otro libro acerca del divorcio. La segunda parte del libro es muy útil, y trata con los asuntos difíciles que encaran las parejas que acaban de casarse por segunda vez."

—**Dr. Dan Casey**, pastor principal,
First Church of the Nazarene, Little Rock, Arkansas

"Leí este libro tres veces la semana que lo compré. Ya me ha ayudado con los hijos de mi esposo... Mi esposo se quedó levantado hasta tarde una noche y leyó el libro completo. Es estupendo para cualquiera que trate de educar a una familia mixta. Lo recomiendo encarecidamente."

—**Jaimie Fisher**, lectora

"Las parejas casadas por segunda vez y los individuos que están pensando en casarse por segunda vez, encontrarán excelentes consejos en este texto escrito con sensibilidad."

—FaithfulReader.com

Salga adelante (después del divorcio)

DAVID & LISA FRISBIE

CASA
CREACIÓN

La mayoría de los productos de Casa Creación están disponibles a un precio con descuento en cantidades de mayoreo para promociones de ventas, ofertas especiales, levantar fondos y atender necesidades educativas. Para más información, escriba a Casa Creación, 600 Rinehart Road, Lake Mary, Florida, 32746; o llame al teléfono (407) 333-7117 en Estados Unidos.

Salga adelante después del divorcio por David y Lisa Frisbie
Publicado por Casa Creación
Una compañía de Charisma Media
600 Rinehart Road
Lake Mary, Florida 32746
www.casacreacion.com

A menos que se indique lo contrario, el texto bíblico ha sido tomado de la versión Reina-Valera © 1960 Sociedades Bíblicas en América Latina; © renovado 1988 Sociedades Bíblicas Unidas. Utilizado con permiso. Reina-Valera 1960® es una marca registrada de la American Bible Society, y puede ser usada solamente bajo licencia.

Algunos textos bíblicos marcados (NVI) corresponden a la Santa Biblia Nueva Versión Internacional (NVI) © Sociedad Bíblica Internacional, 1999. Usada con permiso.

MOVING FORWARD AFTER DIVORCE
© 2006 by David & Lisa Frisbie
Published by Harvest House Publishers
Eugene, Oregon 97402
www.harvesthousepublishers.com

Traducido por Belmonte Traductores
Diseño interior por: Grupo Nivel Uno, Inc.

Library of Congress Control Number: 2007925302
ISBN: 978-1-59979-038-1

Impreso en los Estados Unidos de América
16 17 18 19 20 * 10 9 8 7 6 5

Para personas llenas de fe que creyeron en nosotros
al comienzo en nuestro viaje

Agradecimientos

Escribir es una profesión solitaria, aunque lo es menos en nuestro caso, porque escribimos juntos como marido y mujer. Los dos aconsejamos, hablamos, enseñamos, viajamos y escribimos juntos como una elección personal y un compromiso profesional.

Aun así, escribir puede ser tarea solitaria. Con las charlas, la audiencia normalmente está a unos metros de distancia. Uno puede ver las expresiones faciales, oír preguntas, y quizá hasta obtener una ovación, si todo va bien. Todo eso es respuesta, participación y compartir para ayudarte a seguir adelante. Ninguno de esos útiles procesos se produce en la escritura. Uno se sienta delante de una computadora y teclea. Nadie aplaude, silba o aprueba con la cabeza. Nadie levanta su mano para hacer una pregunta.

Dado que la escritura puede ser un proceso de mucha soledad, como escritores, estamos personal y profesionalmente agradecidos por las increíbles personas de Harvest House que colaboran con nosotros en todo lo que hacemos. Entre esas personas, hay tres a las que nos gustaría mencionar por sus nombres.

Nuestro editor, Saúl Gossard, quien continuamente mejora nuestro trabajo y ayuda a que conecte con nuestros lectores de modo más eficaz. El trabajo de Saúl trasciende a la edición para incluir la amistad. Valoramos genuinamente sus sabios consejos y apoyo.

Terry Glaspey ha dirigido nuestros proyectos desde el principio. Entre otros dones, Terry es un hombre del renacimiento, un consumado escritor y conferencista por derecho propio quien invierte su energía ayudando a otros a tener éxito en la publicación de textos. Muchos de nosotros dentro de la familia de Harvest House le debemos nuestros primeros pasos, y muchos pasos desde entonces, a este dotado alentador.

Carolina McCready desempeña un rol ejecutivo y, sin embargo, halla tiempo no sólo para conocer a los autores, sino también para servirles con alegría. Hemos aprendido a confiar en su sabiduría en el campo de mercadotecnia, en su buen ojo para un buen texto, y en su agudo sentido de las buenas prácticas de negocios.

Además de ellos, están los artistas gráficos, el personal de ventas y mercadotecnia, y un gran equipo de personas dotadas que trabajan juntas hacia un objetivo común: ayudar a los autores a encontrar su propósito y cumplir su llamado.

Nuestra escritura es mejor, nuestro llamado es más claro, y nuestra vida cotidiana es más satisfactoria, debido a la generosa inversión que Saúl, Terry, Carolina y demás personas de Harvest House, han realizado para ayudarnos a cumplir nuestro propósito y vivir nuestro sueño.

ÍNDICE

Un horizonte de esperanza   11

Primera parte: Encontrar caminos hacia la renovación y la esperanza
Capítulo uno   Desde la muerte de un sueño, nuevos comienzos   13
Capítulo dos   Aceptar una oportunidad
para la renovación espiritual   33
Capítulo tres   Hacer la elección de crecer y cambiar   53

Segunda parte: Educar solos: Juntos y para siempre
Capítulo cuatro   Perder un compañero,
pero ganar el respeto de sus hijos   75
Capítulo cinco   La delicada danza de la educación conjunta   97
Capítulo seis   Perder acceso, pero ganar influencia   115
Capítulo siete   Bienvenido a mi estrés: Educar a adolescentes   129

Tercera parte: Para bien o para mal:
Casarse de nuevo o seguir solo
Capítulo ocho   Volar solo: Por qué podría considerarlo   149
Capítulo nueve   Escoger casarse de nuevo:
¿Podría ser correcto para usted?   167

Cuarte parte: Después del divorcio:
Dónde encontrar ayuda y esperanza
Capítulo diez   Administración de la casa: Aprender lo que no sabe   187
Capítulo once   El progreso del peregrino:
Una mesa redonda de divorciados   201

Gracias a nuestros amigos en el viaje   213
Preguntas para la reflexión y el crecimiento   217
Recursos sobre el divorcio y temas familiares   231

Un horizonte de esperanza

El divorcio es una muerte y un morir. El divorcio es una muerte sin un punto final; el morir continúa.

El divorcio es la muerte del "juntos", el final aparentemente permanente del "para siempre." Con la intención de ser para toda la vida, un matrimonio que una vez se había remontado hacia arriba con una brillante promesa, se ha estrellado en las oscuras sombras. Nada queda sino la tristeza.

Cada mañana del siglo XXI, muchos de nosotros nos levantamos para afrontar un nuevo día sin una pareja. Alguien nos prometió: "Sí, acepto", pero luego no lo cumplió. Alguien con valentía dijo: "Lo haré", pero cuando llegaron los momentos difíciles, no lo hizo. Ahora estamos solos, sintiéndonos marcados con un sentimiento diario de fracaso que se muestra a sí mismo en todo lo que hacemos.

¿Hay esperanza para aquellos de nosotros que volvemos a morir con cada nueva mañana? ¿Hay alguna razón para levantarse, hacer café y atreverse a soñar?

Si existe tal esperanza, estas páginas se esfuerzan por señalar la dirección desde la cual podría llegar. Al igual que la aguja de una brújula, que en un principio puede oscilar, las verdades que se muestran aquí finalmente señalarán hacia el verdadero norte de nuestra alma: hacia Aquel que nos ama, aun en medio de toda nuestra confusión y sufrimiento. A pesar de otras fuerzas, la brújula no está desorientada; su aguja señala con confianza hacia la esperanza.

Las ideas aquí apartan nuestra mirada de los escombros que hay a nuestros pies y la dirigen hacia el horizonte lejano. Aunque en este momento sigue habiendo oscuridad y reina la noche, aun así, en algún lugar está la línea sobre la cual romperá el amanecer y el brillo nacerá. Alguien que está ahí nos ama con un amor permanente y duradero.

¿Nos atrevemos a creerlo? ¿Es seguro volver a interesarse?

Este libro explora tales preguntas, creyendo que puede que se produzca oscuridad, pero la Luz dirá la última palabra.

¿Y si hay un horizonte hacia el cual puede usted avanzar —aunque sea despacio— con la seguridad y el certero conocimiento de que el sol también sale? Escribimos con la oración silenciosa para que a medida que usted corra, camine o hasta gatee hacia delante, y vea el tenue, pero firme brillo de un amanecer que con toda seguridad viene de camino.

Salga y compre unas gafas de sol.

El futuro puede que sea más brillante de lo que usted conoce.

PRIMERA PARTE

*Encontrar caminos hacia
la renovación y la esperanza*

Capítulo Uno

Desde la muerte de un sueño, nuevos comienzos

Buscar equilibrio y encontrar propósito en medio del dolor repentino

El divorcio es algo horrible,
pero peor aún es sucumbir a la
parálisis que puede seguir al no
proseguir con el plan de Dios
para las vidas implicadas.
—Jaime Tufford

Amanda dejó una breve nota en la mesa de la cocina.

Decía: "Me voy. Volveré más tarde a recoger el resto de mis cosas."

Darío encontró la nota un viernes en la noche, cuando llegó a la casa del trabajo. En un principio, pensó que podría ser una broma pesada. ¿Irse? Él sabía que Amanda últimamente había estado malhumorada e infeliz, pero había pasado por periodos como esos anteriormente.

¿Irse? Su cerebro no llegaba a procesarlo. ¿Qué significaba eso? ¿Estaba hablando ella de irse por algún tiempo? ¿Se iba a casa de su mamá durante una temporada? ¿Cuánto tiempo estaría fuera? ¿Cuándo regresaría?

Se preparó unos cereales, comió y trató de no pensar en ello. Detalladamente, repasó su última conversación con Amanda, cuando habían hablado por teléfono ese mismo día. Ella había sonado bastante normal, según creía él.

Él la llamó a su teléfono móvil, y dejó su número.

Cuando pasaron el sábado y el domingo sin recibir ninguna llamada como respuesta ni ninguna otra forma de contacto, Darío comenzó a darse cuenta de que algo estaba cambiando. Amanda se había ido de la casa como un huracán anteriormente enojada, a conducir durante unas horas, pero nunca había pasado la noche fuera sin decirle dónde iba a estar.

Llegó la mañana del lunes, y Darío se fue a trabajar, como siempre. Se guardó sus pensamientos, sin hablarle a ninguno de sus amigos o compañeros de trabajo de la ausencia de su esposa. Recuerda haber pensado que tarde o temprano su esposa regresaría.

Estaba equivocado.

El jueves, cuando él llegó a casa del trabajo, la mayoría de los muebles y otras pertenencias en su casa no estaban allí. Amanda parecía que había llegado ese día y se había llevado "sus cosas", entre las cuales se incluían básicamente todos los muebles útiles, al igual que el equipo de sonido y de vídeo.

Darío estaba enojado, pero también sorprendido. ¿Por qué se había llevado ella tantas cosas que no le pertenecían? ¿Adónde se las llevaba? ¿Quién la había ayudado a vaciar su casa? Ella misma no habría podido mover los muebles.

Él tenía muchas preguntas, pero ninguna respuesta. Llamó de nuevo al teléfono móvil de Amanda, y dejó su número por ella no contestar. Esa vez dejó también un mensaje "urgente."

Cuando ella finalmente lo llamó, habían pasado casi dos semanas.

—Me divorcio de ti, por si acaso aún no te lo habías imaginado—le dijo ella ásperamente—. Simplemente no puedo soportarlo más, y estoy cansada de intentarlo.

Esa era la primera vez que la palabra *divorcio* se había pronunciado en una conversación entre ellos. Con una mezcla en sus emociones de sorpresa extrema y gran enojo, Darío batalló para controlar sus actitudes y palabras.

—¿Podemos hablar sobre esto?—recuerda haberle preguntado a su esposa.

—No hay nada que hablar—fue su respuesta.

Aquella fue su respuesta final.

Soportar el rechazo y la pérdida

Miles de veces cada semana, la escena entre Darío y Amanda se repite, con ligeras variaciones, en casas y apartamentos por todo el país. Más de 18,000 divorcios tienen lugar en los Estados Unidos cada semana del año, la mayoría de los cuales por un acuerdo común tras un periodo de discusión y negociación.

Sin embargo, en muchos casos, el divorcio es iniciado sólo por una de las partes, no por ambas, y comienza con un proceso de partida y abandono: alguien se va. Habiendo prometido estar juntos "para siempre" y quedarse "hasta que la muerte nos separe", alguien cambia de opinión. Un día, están en casa; y las cosas parecen casi o totalmente normales. Al día siguiente, se han ido, y no regresarán.

El estrés emocional de Darío enseguida se convirtió en estrés físico. Su salud se deterioró diariamente, a medida que el drama de la partida de Amanda comenzó a representarse. Cuando llegaron los documentos de divorcio, estaba enfermo. Había sido abandonado por alguien a quien amaba.

La partida de un cónyuge es una de las conmociones más profundas que podemos recibir, y más si es inesperada. La angustia mental y emocional de Darío se mostró en una variedad de síntomas físicos. No eran enfermedades imaginarias; él estaba verdaderamente enfermo. Su sufrimiento era emocional. Sin embargo, iba más allá de los pensamientos y sentimientos, al afectarle la salud física.

> Aun cuando la relación matrimonial pueda
> haber parecido problemática o tensa,
> cuando uno de los cónyuges toma una repentina
> decisión de abandonarnos, nuestras emociones
> pueden abrumarnos.

El divorcio por abandono es similar a la muerte en su conmoción y trauma. Con una enfermedad física continua, tal como una larga batalla contra el cáncer, nuestras emociones tienen tiempo para prepararse para el sufrimiento final que experimentaremos. Aunque nuestro dolor seguirá siendo grande, nuestros sistemas fisiológicos han tenido tiempo para ajustarse, de antemano, a la posibilidad de la pérdida. En cierto sentido, estamos "preparados" para procesar nuestra tristeza; la hemos visto venir de antemano.

Sin embargo, cuando un soldado muere en combate o un buen amigo pierde la vida en un trágico accidente de auto, no hay tiempo para prepararnos. Suena el teléfono, llaman a la puerta, y, de repente, el mundo se nos derrumba.

El divorcio por abandono es similar. Aun cuando la relación matrimonial pueda haber parecido problemática o tensa, cuando uno de los cónyuges toma una repentina decisión de abandonarnos, nuestras emociones pueden abrumarnos. Atravesamos fases de conmoción, negación y enojo que son muy similares a las etapas emocionales que acompañan a la tristeza por una muerte. Puede que nos encontremos literalmente incapaces de funcionar, "encerrados" mental o emocionalmente, confundidos hasta por la más simple de las elecciones o decisiones. En palabras sencillas, nuestros sistemas emocionales están sobrecargados por el bombardeo de un estímulo repentino, intenso y muy negativo.

El abandono pone a prueba nuestras respuestas emocionales y presiona nuestra capacidad para tratar con otras fuentes naturales de estrés dentro de nuestro ambiente. La partida de un cónyuge puede aumentar o exagerar nuestra reacción a otros tipos de estrés que experimentamos comúnmente, incluyendo las dificultades de salud o las preocupaciones económicas.

Ser abandonado duele. La mera existencia del dolor nos sorprende, al igual que lo hace su incesante intensidad. Sufrimos, y parece no haber alivio para lo que estamos soportando.

La experiencia de Melinda fue similar a la de Darío. Ella llegó a su casa una tarde y encontró una nota sobre la mesa de la cocina, como la que encontró Darío. La nota de su esposo decía brevemente: "Me voy. Hablaremos después."

Melinda se quedó mirando la nota durante un rato, sin llegar a creerlo.

"En mi corazón, creo que sabía que él se había ido —dice ella en la actualidad—. Creo que ya comprendía que él no regresaría; simplemente no podía pensar con claridad. Mis emociones estaban demasiado confusas; era como si mi cerebro no pudiera funcionar...."

Cuando ella recibió lo que denomina "la charla", estaba comenzando a recobrar su claridad de pensamiento; lo suficiente para comprender que estaba enojada.

—Te quiero—ella recuerda que su esposo le dijo cuando finalmente hablaron—, pero sencillamente no está funcionando que los dos estemos juntos. Siempre te querré, pero creo que es mejor que yo viva en otro lugar durante algún tiempo.

Confundida, temerosa, enojada, molesta, Melinda registraba muchas emociones, pero entendía lo suficiente como para reconocer lo absurdo cuando lo oyó. ¿"Te quiero" acaso significa que "te dejo"?

La desconexión resonaba con fuerza en su interior. Ella recuerda con un fuerte suspiro de resignación: "Él básicamente les dijo exactamente lo mismo a nuestros hijos. Les dijo que los quería, pero que necesitaba irse y vivir en otro lugar durante algún tiempo."

Lo ridículo de la frase tampoco engañó a los hijos de Melinda.

—Si papá nos quiere, ¿por qué se va?—le preguntó su hija a Melinda.

—Si él realmente nos quisiera, ¡no se iría!—insistió el hijo mayor.

A falta de una respuesta útil o creativa, Melinda simplemente meneó su cabeza con pesadez y no dijo nada en absoluto. Su hijo tenía razón, según su opinión.

Dolor interno, síntomas externos

Melinda decidió procesar sus emociones al acudir a un consejero. Admitió que estaba enojada y necesitaba terapia. Darío trató con sus emociones, al guardarse los pensamientos y sentimientos en su interior, y literalmente se enfermó por hacerlo. Esas son respuestas típicas al abandono.

Algo central en el problema del abandono es la sensación de ser rechazado. Al igual que con otros tipos de trauma, el modo en que procesemos nuestro sufrimiento es crítico para nuestro viaje hacia la sanidad y la recuperación. Mientras tratan con problemas de rechazo y abandono, muchas personas que nunca antes pensaron en acudir a un consejero o psicólogo, hacen su primera llamada telefónica para pedir ayuda. Es una llamada que, para muchos que experimentan un divorcio, comienza a cambiar su vida para bien.

"La mayoría de nosotros experimentamos rechazo cuando somos jóvenes y tenemos citas amorosas —dice Sharon, consejera familiar que forma parte del personal de una iglesia grande—, pero cuando nos casamos, creemos que nuestros días de ser rechazados han terminado. Después de todo, ¡alguien está de pie en el altar de la iglesia y promete amarnos para siempre!."

Por eso, explica ella, el dolor del rechazo es aún mayor cuando proviene de una pareja que suponíamos que sería para toda la vida y "para siempre."

Mientras somos jóvenes, alguien puede que rompa con nosotros, haciendo añicos nuestro corazón. La mayoría de nosotros aprendemos a soportar ese tipo de dolor; gradualmente reanudamos nuestra búsqueda de un amor duradero. Entendemos la naturaleza temporal de las alianzas entre adolescentes, e internamente nos fortalecemos contra la pérdida del afecto o el final de la relación. Aun así, continuamos esperando algo mejor, una unión que perdure y soporte.

Nuestra búsqueda más profunda —una búsqueda de un amor comprometido y permanente— nos conduce a muchos de nosotros a una expresión legal y hasta religiosa de nuestra vida unida. Nos prometemos amarnos el uno al otro dentro de un matrimonio; queremos una ceremonia y un documento que registre nuestro compromiso el uno con el otro como vinculante e irreversible. Recibimos regalos, reservamos una iglesia e invitamos a amigos y familiares. Consciente o inconscientemente, nos esforzamos por grabar un registro permanente de un amor que suponemos será duradero.

El matrimonio, con su expresión pública y verbal de un compromiso de por vida el uno con el otro, parece ser un puerto seguro contra los oscuros peligros del rechazo. Hacemos y recibimos fuertes promesas de nuestra pareja: en la salud y la enfermedad, en la riqueza y la pobreza, en lo bueno y lo malo, nuestra pareja promete estar siempre con nosotros. Nosotros, a su vez, hacemos la misma promesa. Todos los que asisten, nos oyen. Todos son testigos de esos profundos votos. Lo celebramos.

Luego, después de haber encontrado un lugar de aparente seguridad, estamos aún más sorprendidos cuando alguien nos hace daño. Nuestro dolor es mayor aún, porque proviene de alguien a quien amamos, en quien confiamos y a quien valoramos; alguien que ha recibido nuestra confianza y que ahora decide romperla. Ese alguien puede decir: "Te quiero", cuando sale por la puerta, pero nosotros conocemos la realidad.

Si ellos verdaderamente nos quisieran, no nos abandonarían.

Los sentimientos de rechazo de Darío hicieron que se enfermara; permaneció así durante varios años después de que su esposa lo abandonara. Su lento regreso a la salud física no comenzó hasta que él provisionalmente se calmó para volver a tener una vida social normal, pasando tiempo con buenos amigos y hasta comenzando a tener citas amorosas de nuevo.

Aunque él pudo haber buscado consejo, no lo hizo, y prefirió mantener en privado sus sentimientos. Sólo con el paso del tiempo, gradualmente regresó a sus anteriores amistades y patrones sociales. Finalmente, sus síntomas físicos se aliviaron. Comenzó a dormir mejor por la noche y preocuparse menos mientras estaba despierto.

Él dice en la actualidad: "Creo que la consejería podría haberme ahorrado algún tiempo, pero no estaba preparado para eso entonces. Siempre he sido la clase de persona que se guarda sus pensamientos y sentimientos.

Quizá no debería ser de esa manera, pero así es como soy. Y cuando sufro, eso es aún más cierto."

Los profundos sentimientos de rechazo de Melinda la impulsaron a buscar consejería rápidamente, una elección que ella enseguida recomienda a otras personas que hayan sido abandonadas.

"Me tomó algún tiempo, pero el consejero me mostró que la partida de mi esposo era básicamente su pérdida —relata ella—. Mi consejero me convenció de que yo era una persona sana y "normal", y no alguien que merecía ser rechazada o abandonada, no alguien que había ahuyentado a su pareja.

"Con el tiempo, y con la ayuda de mi consejero, comencé a ver el abandono de mi esposo tal como era: una profunda inmadurez por su parte, no el resultado de alguna deformidad o defecto en mí. Eso me llevó algún tiempo, pero no puedo decir cuánta energía y salud sentí una vez comprendí que el abandono de mi esposo —a mí y a nuestros hijos— decía mucho acerca de él, pero no mucho acerca de mí. No estoy diciendo que yo sea perfecta, pero estaba preparada y dispuesta a cambiar, crecer y mejorar para ayudar a que mi matrimonio funcionara."

El consejero de Melinda expresa pensamientos similares: "La persona que se aleja, está admitiendo su propia inmadurez y terca falta de disposición para solucionar las cosas. Eso habla mucho acerca de quién es esa persona, pero imagine qué: eso no necesariamente dice nada acerca de la persona a la que abandona.

"Podemos suponer con seguridad que nadie es perfecto, incluyendo al cónyuge al que se deja atrás. Habiendo dicho eso, también podemos suponer con seguridad que una parte, la que se va, está escogiendo la salida fácil. En lugar de trabajar en los problemas y avanzar, la parte menos madura escoge huir.

"Huir es inmaduro. ¿De cuántas maneras podemos decir eso? —se pregunta el consejero de Melinda—. Abandonar al cónyuge es tomar la salida fácil."

A medida que procesamos nuestro dolor interno y sus síntomas externos, necesitaremos aprender cómo identificar nuestros sentimientos y responder a ellos. Algunos de esos sentimientos —y su intensidad— pueden sorprendernos mucho.

Tratar con la culpa, la vergüenza y el estigma social

En un país que experimenta un millón de divorcios anualmente, parece difícil aceptar la idea de que un significativo estigma social sigue unido a una situación tan común. Sin embargo, en las mentes de quienes pasan por un divorcio y sus secuelas, puede que haya profundos sentimientos de culpa, vergüenza y fracaso que trascienden la moral social y las tendencias emergentes. Esto es muy cierto dentro de la comunidad religiosa.

Susan dice sencillamente: "El matrimonio es para siempre. Cuando mi matrimonio terminó, también lo hizo mi sentimiento de ser una persona 'buena' o 'aceptable' dentro de mi iglesia. Ahora yo pertenecía a una categoría totalmente nueva: era una persona divorciada. Me sentía como si me acabaran de trasladar a una clase social mucho más baja. Quizá nadie más se sienta así cuando piensan en mí, pero así es exactamente como yo me sentía conmigo misma."

Las iglesias probablemente no tengan la intención de enviar ese mensaje. Sin embargo, las personas divorciadas pueden sentirse inmediatamente como si ya no encajaran.

"Mi primer domingo como persona divorciada, el pastor predicó sobre la santidad del matrimonio —exclama Emilia—; ¡el primer domingo! Y fue un buen sermón, pero la única parte que yo oí fue que 'Dios odia el divorcio'. No hay nada más que recuerde de aquel mensaje; sólo un elevado punto de vista sobre el matrimonio y un completo rechazo del divorcio como una opción para los creyentes.

"¿Tengo que explicar en detalle cómo me hizo sentir eso? Estoy segura de que nadie, especialmente el pastor, tenía la intención de insultarme u ofenderme. Lo sé, pero así es como me sentí. Es como si todos los demás allí estuvieran a la altura del estándar, pero yo, como persona divorciada, de repente, era menos que todos los demás. Básicamente, ya no debo de ser una 'buena' creyente, según ese sermón, porque los buenos creyentes saben que el divorcio no está bien. Los buenos creyentes no se divorcian. ¡Creo que de algún modo ellos 'ganan' en cada problema matrimonial!"

Al sentirse como una fracasada, la mujer recién divorciada dejó de asistir a su iglesia. Pasaron casi dos años antes de su siguiente servicio en la iglesia; esa vez en un lugar donde nadie la conocía y, así, nadie sabía su historia personal.

"Cuando regresé, asistí a un servicio para solteros en una iglesia diferente —dice Emilia suavemente—, y la mayoría de nosotros en ese grupo cuando llegué a conocer a algunas personas, éramos personas divorciadas."

La congregación grande y creciente realizaba un activo ministerio para personas divorciadas. De hecho, el principal líder del ministerio mismo era una persona divorciada, aunque se había casado de nuevo. Junto a su segunda esposa, dirigía una comunidad de varios cientos de adultos solteros, muchos de ellos recientemente divorciados.

"Cuando me atreví a intentar asistir de nuevo a una iglesia, descubrí una donde se les daba la bienvenida a las personas divorciadas, y no se les juzgaba —explica Emilia—. Encontré una iglesia, o quizá Dios me guió a una iglesia, donde las personas divorciadas son consideradas sencillamente como personas, como todas las demás. Nadie parecía menospreciarme porque yo fuese divorciada."

Sea que iglesias, grupos familiares o redes sociales tengan intención o no de asignar un estigma a las secuelas del divorcio, quienes experimentan el final de un matrimonio, con frecuencia se ven a sí mismos como desterrados, desengañados o completamente fracasados.

"Mi iglesia está llena de personas divorciadas —dice Cecilia—, así que cuando el divorcio me sucedió, nadie en la iglesia me criticó o pareció menospreciarme. Pero privadamente, en mi propio corazón, yo me sentía como una fracasada total.

"Me iba a dormir por la noche, o más bien me tumbaba despierta sin dormir, y pensaba que de algún modo yo había fracasado rotundamente al estar casada, y que nunca tendría lo que se necesita para ser una buena esposa para alguien.

"Esos pensamientos sencillamente resonaban en mi cerebro —continúa—. Yo no los había oído de nadie, ni de mis padres, ni de mis amigos, ni de personas en la iglesia; pero dentro de mí estaba esa pequeña voz que constantemente me decía que yo era un fracaso. Yo seguía pensando: Tuve mi oportunidad, y ahora lo he estropeado todo."

Los sentimientos de Cecilia no son únicos. Muchas personas divorciadas, y especialmente quienes mantienen fuertes valores religiosos, tienden a considerar el divorcio como una evidencia externa de un carácter defectuoso interno. Se supone, y a veces se dice abiertamente, que una persona que sigue a Dios, nunca habría terminado en un destino llamado divorcio.

"Divorciado" significa "defectuoso" en la charla interna de muchas personas religiosas. Ya sea que eso se enseñe o no en la congregación o la comunidad, ese es el mensaje central que con frecuencia se forma en la mente y el corazón de personas que pasan por un divorcio. Y al sentirse defectuosas y menos que aceptables, las personas divorciadas son susceptibles a sentimientos de culpa, vergüenza y fracaso.

Cuando pecamos contra una ley de Dios conocida, la culpa y la vergüenza sirven al útil propósito de llamarnos al arrepentimiento y el perdón. A medida que reflexionamos sobre nuestra vida y conducta, el Santo Espíritu de Dios examina nuestro corazón, mostrándonos lugares y situaciones donde puede que hayamos sido egoístas o pecadores. Como en todos los ejemplos de pecado revelado, necesitamos confesar nuestro error y luego avanzar en direcciones positivas, dando la espalda al mal. En tales casos, nuestro sentimiento de culpa es positivo —nos impulsa a examinar nuestro corazón, renunciar a nuestros malos caminos y arrepentirnos—, alejándonos de las malas elecciones y las direcciones negativas.

Sin embargo, con frecuencia, nuestros sentimientos de vergüenza no están arraigados en un acto voluntario de rebelión contra Dios o un pecado revelado. En cambio, pueden tener su origen en las circunstancias difíciles de nuestra vida, como un divorcio. Puede que carguemos con un vago sentimiento de fracaso personal al estar divorciados; puede que interioricemos un sentimiento de vergüenza o insuficiencia que sea inapropiado e inútil. Mirando alrededor a aquellos que parecen exitosos y capaces, puede que nos sintamos "menos que" o "indignos de" los demás. Si de algún modo hubiéramos funcionado mejor como esposo o esposa, razonamos con nosotros mismos, seguiríamos casados. Otros pueden hacer esto mejor, puede que sintamos, pero de alguna manera nosotros somos incapaces de tener éxito en ello.

En tales casos, nuestro sentimiento de culpa o vergüenza puede atraparnos, limitando nuestra capacidad de funcionar de maneras normales y naturales. Al vernos a nosotros mismos como descalificados o indignos, tendemos a cumplir nuestras propias expectativas bajas y negativas. Puede que rindamos menos, que logremos menos, y que descendamos en espiral hacia la depresión u otras aflicciones físicas o emocionales.

Tener acceso a alguien que escuche objetivamente

En tales casos, necesitamos ser libres del sentimiento de vergüenza o culpa que nos aprisiona en las angustias del pasado. Es probable que necesitemos ayuda externa, a medida que afrontamos nuestras ideas erróneas acerca de nuestra propia identidad y nuestro propio futuro. Un consejero experimentado o un ministro pueden ser muy valiosos en el proceso de solucionar nuestros sentimientos de vergüenza. Sin alguien que escuche objetivamente, puede que no hagamos progreso hacia la sanidad y la recuperación.

Carmen descubrió que era así. "Me culpaba a mí misma tras el divorcio. No al principio, pero más tarde, después de que la realidad de las cosas comenzara a establecerse. Al principio, culpaba a mi esposo —él me había abandonado y se había ido a vivir con otra mujer—, pero más tarde comencé a culparme a mí misma. Seguía pensando que si yo hubiera sido una esposa más amorosa, más hermosa o si de alguna manera hubiera cuidado mejor a mi esposo, él nunca me habría abandonado."

Carmen se sentía avergonzada e inadecuada por su conducta como esposa y compañera. Se encontraba a sí misma constantemente preocupada y ansiosa, pensando otra vez en sus cinco años de matrimonio, viéndose a sí misma como la persona que había "causado" el divorcio al fallar, al no llegar, al ser menos que perfecta como esposa, madre y administradora del hogar. Su sentimiento de vergüenza se debía en parte al hecho de estar divorciada. Sin embargo, un nivel más profundo estaba arraigado en una baja autoestima, un molesto sentimiento de duda de sí misma, y de mucho culparse a sí misma por circunstancias y situaciones que estaban más allá de su control.

Seis meses después de realizar un régimen regular de consejería semanal, Carmen comenzó a ver las cosas de modo distinto, en especial a sí misma. Ella comenzó a aceptarse a sí misma como imperfecta, como todos lo somos, y, no obstante, a comprender que la principal responsabilidad por el fin de su matrimonio tenía que descansar en la persona que decidió ponerle fin: su ex esposo.

"Carlos ni siquiera consideraría el recibir consejería —recuerda ella—, probablemente porque él ya estaba manteniendo otra relación. Yo más tarde me enteré de que él había estado viendo a esa mujer más o menos durante el último año en que seguíamos casados.

"Al mirar atrás, no puedo comprender plenamente cómo me las arreglé para culparme a mí misma del hecho de que mi esposo me estuviera engañando, y que me abandonara. Ahora, cuando miro atrás, puedo ver que mi sentimiento de fracaso realmente no tiene sentido; pero en aquel momento, era muy potente. Tuve días en que pensé que nunca volvería a tener éxito en nada, y, sobre todo, ni en el matrimonio ni en ser una esposa."

¿Cómo supo Carmen que estaba comenzando a sanar? ¿Cómo llegó a ser consciente de que estaba en el camino hacia la recuperación y el equilibrio?

La consejera de Carmen la ayudó a procesar sus sentimientos, a aprender a identificar actitudes de odio a sí misma, duda de sí misma y autocompasión que le impedían la sanidad. A lo largo del camino, a medida que problemas de desarrollo o crecimiento personal surgían, eran observados por el consejero como lugares donde ella necesitaba realizar cambios.

"Yo me culpaba a mí misma por demasiada parte del problema —dice Carmen actualmente— y, sin embargo, al mismo tiempo no quería mirar demasiado cerca algunas áreas de mi vida personal, lugares donde yo realmente necesitaba cambiar. No sé cómo lo hice, pero me culpaba a mí misma injustamente, y también evitaba tener que crecer, ¡todo al mismo tiempo!"

¿Cómo supo Carmen que estaba comenzando a sanar? ¿Cómo llegó a ser consciente de que estaba en el camino hacia la recuperación y el equilibrio?

Ella dice sencillamente: "Me relajé. En las semanas y meses posteriores a mi divorcio, estaba constantemente tensa. Me volví hipercrítica conmigo misma y también con mis hijos. Rechinaba mucho los dientes, sin darme cuenta de que lo hacía. Tenía dolores de espalda, cabeza y todo tipo de síntomas; y ni siquiera me daba cuenta de que muchas de esas cosas se debían a la tensión que estaba sintiendo. Pero después de reunirme con Carolina [su consejera] durante varios meses, observé que me sentía más relajada. Dormía mejor. Era más amable con mis hijos."

¿Podría Carmen haber logrado esos mismos resultados por sí misma?

"Quizá. Quizá finalmente me habría recuperado, pero Carolina como que me 'hizo salir adelante' en el proceso de sanidad. Ella me sacó de estar simplemente flotando en el agua y sintiéndolo por mí misma. Ella me mostró cómo comenzar a mejorar, en lugar de odiarme a y culparme."

La experiencia de Pedro fue similar: "Nunca pensé que visitaría a un consejero en mi vida —dice él—, pero cuando Julia me abandonó, llamé a mi pastor y le dije: '¡Tenemos que hablar!'. Él pospuso todo lo demás y concertó una cita conmigo ese mismo día. Después de eso, comencé a visitarlo una vez por semana, durante dos horas cada vez. Yo hablaba, y hablaba, y hablaba —principalmente desahogando todo mi enojo y hostilidad—, y creo que el pastor García no hizo otra cosa sino escuchar durante nuestras tres o cuatro primeras sesiones.

"Después de eso, una vez que me hube quedado sin palabras de enojo, el pastor me ayudó a examinar mis sentimientos y pensar con claridad acerca de mí mismo y acerca de Julia."

¿Recomienda Pedro buscar cuidado pastoral?

"Bien, yo nunca habría hablado con el pastor García ni con nadie más si no hubiera estado tan herido —admite—; si no hubiera estado tan enojado, si no me hubiera sentido como si quitaran el piso de debajo de mis pies... no lo habría llamado."

A pesar de todo, Pedro llamó a su pastor y recibió una ayuda genuina.

"El pastor García me ayudó ver las cosas con más claridad y exactitud. Él no me permitió que pasara a culpar a Julia o culparme. Él simplemente siguió enfocándose en cuáles deberían ser mis siguientes pasos."

Para muchas personas que experimentan el trauma de ser abandonadas por una pareja, uno de los primeros pasos hacia la recuperación debería ser buscar el consejo de un sabio amigo, un consejero experimentado o un mentor o ministro devoto. Tener acceso a alguien que escuche objetivamente, puede significar la diferencia entre el estancamiento y el crecimiento, entre quedar atascado en el pasado y avanzar con confianza hacia el futuro.

"Mis sentimientos no tenían sentido —así explica Karina las secuelas de su repentino divorcio—. Yo no sabía lo que sentía, sólo sabía que me sentía mal."

El patrono de Karina le proporcionó un seguro médico de cobertura global, que incluía un generoso paquete de servicios de salud mental. Al sólo tener que pagar un deducible por visita, enseguida entró en consejería.

"Lo que realmente sucedió fue que, tras el primer par de semanas, mejoré mucho en cuanto a hablar de mis sentimientos. Me di cuenta de lo que estaba sintiendo, una vez comencé a hablar de ello con mi consejera."

La experiencia de Karina es típica de las personas consideradas *procesadores verbales*. Los procesadores verbales aprenden mejor al hablar. A medida que dan forma a las palabras y las ideas de un intercambio conversacional, literalmente comprenden —en el momento— cuáles son sus pensamientos, actitudes, sentimientos y opiniones.

En el caso de Karina, ella descubrió que su principal problema era el enojo.

Ella dice de su ex esposo: "¡Yo lo odiaba! Pero antes de asistir a la consejería, ni siquiera podría haber dicho eso. Tan sencillo como eso suena —y tan básico—, yo aún ni me había dado cuenta de que odiaba a mi ex esposo. Estoy tratando de decir esto: Ni siquiera sabía lo que sentía, o cómo sentía, hasta que comencé a asistir a aquellas sesiones los viernes en la tarde."

Dentro de la comunidad religiosa, visitar a un consejero puede ser considerado como una señal de debilidad. Después de todo, ¿acaso no debería ser suficiente "sólo Dios"?

Formulamos esa pregunta a Karina, que sonríe tristemente.

"Yo realmente creo que Dios me estaba ayudando, pero el modo en que Él escogió hacerlo fue por medio de una consejera. Es como esa historia en la que Dios envía una barca y un helicóptero a la gente cuya casa se está inundando. La gente sigue ignorando la barca y las otras maneras de escapar, porque insisten en que Dios los rescate.

"Más adelante, después de ahogarse e irse al cielo, Dios les dice: '¡Oigan, les envié una barca y un helicóptero!'; y ellos finalmente comprenden que Dios intentaba rescatarlos durante todo el tiempo.

"En mi caso, fue Dios quien me rescató —y lo digo literalmente—, pero el modo en que Él eligió hacerlo fue utilizando a la consejera. Mi consejera fue la manera en que Dios me ayudó a ponerme mejor."

Marcas a lo largo del camino

"No me considero a mí misma 'sanada' de mi divorcio —dice Sara, cinco años después de que Daniel se divorciara de ella—; creo que siempre me afectará. Pero no sé exactamente cuándo me di cuenta de que estaba mejorando. Antes de eso, me quedaba tendida en la cama toda la noche y llena de todos esos pensamientos amargos, de enojo y dolor acerca del pasado, acerca de estar casada, acerca de que me mintieran.

"Una noche, estaba sola, preparándome para irme a la cama, y comprendí que había estado ocupada pensando en cosas que quería hacer en el fin de semana —recados que hacer, algunos lugares donde quería ir— y creo que, de repente, entendí que quizá estaba comenzando a realizar algún progreso."

¿Había estado viendo Sara a un consejero?

"Más o menos —dice riéndose—. Hablaba de todo con mi hermana menor. Era extraño, porque al crecer, era a mí a quien ella acudía para contarle todo sobre sus citas amorosas y sus relaciones. Ahora, después de tantos años, yo era quien acudía a ella para pedirle consejo."

Su hermana la ayudó a pensar con claridad y objetivamente acerca de su situación, a comprender qué cosas eran exceso de equipaje: problemas y sentimientos que ella no debería intentar llevar al futuro.

"Ella tampoco me dio ningún pase gratuito —ahora Sara podía reírse de ello—. Fue dura conmigo cuando necesitaba serlo. Pero yo también sabía que ella me quería, y cuando la escuchaba, sabía en mi corazón que lo que ella me decía era cierto."

Hoy día, Sara está pensando en la posibilidad de volver a casarse.

"Ahora mismo, no hay nadie en mi vida —insiste—, pero por primera vez en mucho tiempo estoy pensando realmente que podría no querer estar sola el resto de mi vida. Estoy comprendiendo que podría querer compartir mi vida con una pareja. Quizá Dios tenga a alguien para mí, alguien con quien compartir mi vida."

Es una idea sobre la que Sara está hablando con su hermana.

A pesar de cuál sea su elección sobre volver a casarse, cinco años después de su divorcio, Sara se dirige hacia delante.

Lidiar con el abandono:
Cómo tratar con sentimientos de rechazo

Las siguientes son algunas ideas clave para recordar cuando batalle contra el sentimiento de ser rechazado o abandonado por un cónyuge:

1. *Dios nunca lo dejará ni lo abandonará.* Contrario a lo que experimentamos en las relaciones humanas, el amor de Dios por nosotros es permanente e incondicional. Dios ha prometido amarnos y estar con nosotros. "Nada podrá separarnos del amor de Dios", escribe Pablo en el capítulo 8 de Ricardoos en el Nuevo Testamento. Tome tiempo para reflexionar en el carácter de Dios: Dios es fiel y verdadero.

2. *Sus hijos, padres y amigos están con usted.* Su red de relaciones puede ser pequeña o grande. A pesar de la cantidad de personas con las que esté usted cerca, ahora es el momento de extender la mano y seguir conectado con sus hijos, padres, amigos y hermanos. Acuérdese de las personas en su vida que se interesan por usted, que están comprometidos con usted, que lo aman a largo plazo.

3. *En lugar de pensar en el pasado, dé la vuelta y mire hacia adelante.* Puede que haya lecciones que aprender de sus experiencias. Si es así, apréndalas y siga adelante. No se permita pasar horas, días, semanas y meses revolcándose en la desesperación, el lamento o la autocompasión. En cambio, enfóquese en las posibilidades y las promesas que están delante de usted. Mire hacia delante; mire hacia el futuro.

4. *Permita que otros lo ayuden a encontrar sus verdaderas fortalezas.* Hable con un pastor, un creyente cristiano sabio, un consejero o alguien en quien confíe. Pídale que le ayude a examinar sus actitudes y sentimientos en medio de su dolor. Pídale que le ayude a identificar, refinar y utilizar sus fortalezas en los días que están por delante. Permita que afirmen cómo Dios le ha dotado como persona, padre o ambas cosas. Escuche el consejo de Dios en las voces de su pueblo.

Capítulo Dos

Aceptar una oportunidad para la renovación espiritual

Descubrir su verdadera identidad como hijo de Dios

*Estamos tan llenos de posibilidades
de crecimiento espiritual y belleza moral
que no pueden describirse adecuadamente
como nada menos que la formación
de Cristo en nuestra propia vida.*
—John Ortberg

María se casó porque quería escapar de su casa. Su padre, un enojado alcohólico, abandonó la familia cuando ella tenía sólo cuatro años de edad. Por lo tanto, su madre volvió a casarse, fueron dos veces más. Los dos padrastros de María fueron personas coléricas, al igual que había sido su padre, a las que ella no les importaba. Los dos hombres eran alcohólicos, haciendo resonar la identidad y los valores de su padre biológico.

Cuando ella tenía 19 años, los tres matrimonios de su madre habían finalizado, terminando los tres con amargura y enojo. Su madre vivía con un hombre mucho más joven que ella. Hasta donde María sabía, ella no tenía intención de casarse con él. Sin embargo, fiel al patrón, el hombre era alcohólico.

María, que para entonces asistía a una universidad de la comunidad, comenzó a salir con un amigo del instituto. Cuando él le propuso matrimonio durante las vacaciones de Navidad, María dijo sí de inmediato. "Cualquier cosa tenía que ser mejor que quedarme en casa", es como ella lo veía. Aunque ver fracasar tres matrimonios podría haber aumentado su precaución, en cambio, los fracasados matrimonios lanzaron a María fuera de su familia, y hacia un matrimonio fracasado propio.

Ella se lamenta: "Debería haber sido más sabia. Yo, de entre todas las personas, debería haber sabido tomármelo con tranquilidad y escoger con más atención. Pero sinceramente, lo único que podía ver era a un muchacho que me quería, con el que era divertido estar, y que me ofrecía un boleto gratuito para salir de mi casa, para alejarme de mi mamá y sus hombres borrachos.

"Uno pensaría que yo podría simplemente haberme ido de casa y vivir independientemente —dice hoy día, con la sabiduría de la perspectiva—, pero la proposición de matrimonio fue lo que se convirtió en mi vía de escape."

El matrimonio de María duró casi dos años. Sin embargo, durante los últimos ocho meses del matrimonio, María y su esposo, Jaime, vivieron apartados y no juntos. Para entonces, era muy obvio que el matrimonio se dirigía hacia el divorcio.

"Estuvimos juntos cerca de un año, y fuimos felices quizá durante los dos primeros meses —recuerda María—. Tuvimos unos buenos dos meses juntos antes de comenzar a pelearnos todo el tiempo. ¡Y lo peor de todo fue que Jaime era un bebedor!"

Divorciada antes de cumplir los veintidós, María estaba enojada consigo misma por precipitarse a un matrimonio rápido; y aún más enojada por haberse casado con un hombre alcohólico. "No podía creer que después de ver a mi mamá casarse con tres hombres alcohólicos, ¡yo fuera e hiciera lo mismo!" Ella menea su cabeza con incredulidad.

Hoy día, acercándose a los cuarenta, María lleva cinco años casada por segunda vez, una relación que rompe los malsanos patrones de su infeliz pasado. Ella y José son miembros activos de una congregación grande; participan en el ministerio con parejas casadas por segunda vez y familias mixtas.

Sin embargo, durante una decena de años después de divorciarse de su primer esposo, María escogió permanecer soltera. Durante ese tiempo, realizó el largo y lento viaje desde el enojo y el dolor de su niñez hasta un gradual despertar de sus propias posibilidades. Mediante la consejería, y al aprender a conocerse mejor a sí misma, se convirtió en una juez mucho mejor del carácter y el potencial en otras personas al igual que en ella misma. Y cuando escoge explicar el proceso, tuvo mucha ayuda divina.

Descubrir cómo Dios nos ve

"A veces, pienso que lo único bueno de mi primer matrimonio es que no tuvimos ningún hijo —dice María hoy día—. Yo tomaba la píldora, y gracias a Dios que funcionó para nosotros."

De repente, soltera de nuevo y con sólo 21 años de edad, se vio frente a un comienzo totalmente nuevo en la vida. Ella sabía con seguridad una cosa: era momento de cambiar el patrón establecido por su madre; era momento de aprender cómo vivir de maneras más sanas.

"No cambié de la noche a la mañana —recuerda—; y realmente, durante el último año de mi matrimonio y los primeros años de mi divorcio, en la mayor parte yo estaba resentida y enojada. No odiaba *a Jaime*; me odiaba a mí misma por haberme casado con él."

María comenzó a visitar a una consejera antes de que el divorcio fuera definitivo, y continuó con terapia durante casi tres años. Aunque a veces pensaba que no podía permitírselo, consideró la consejería como su única línea disponible.

"Aquellas sesiones semanales fueron mi supervivencia, totalmente —explica—. Sin una voz de cordura que me hablara cada semana, no estoy segura de dónde estaría yo hoy. Odiaba a mi mamá; me odiaba a mí misma.

Pensaba que me las había arreglado para destrozar mi vida sin posibilidad de ayuda."

Ella tuvo su consejería en una clínica con sede en una iglesia. Sin embargo, no asistió a la iglesia en ningún momento durante su terapia.

"No —dice ella con una irónica sonrisa—, en aquel momento no me creía todo ese tema religioso. Para ser sincera con usted, el que escogiera un consejero con sede en una iglesia se debió realmente al precio. Miré varias opciones de consejeros, y decidí que escogería el más barato, ¡la cual probablemente no fuera la mejor manera de escoger! —sonríe—. Así que cada semana, yo iba a las instalaciones de una iglesia y caminaba por lugares donde había cruces y símbolos religiosos por todas partes, pero ni siquiera sentía curiosidad por todo aquello. Si había un Dios, yo estaba segura de que Él estaba furioso conmigo por las elecciones que ya había hecho. No necesitaba otra figura paternal enojada en mi vida. ¡Estaba tratando de borrar los recuerdos de todo aquello!"

El consejero de María era un hombre mayor, quien debido a su edad y género podría haber personificado sus desgraciadas experiencias anteriores con los hombres. En cambio, él se convirtió en una presencia tierna, calmada y segura, a medida que ella buscaba entender los patrones de su infeliz niñez y su vida matrimonial.

"Semana tras semana, yo me sentaba allí y abría por completo mi corazón —recuerda ella—; sentía como si pudiera decir cualquier cosa estando allí, ¡y lo hacía! Sencillamente balbuceaba con amargura, ira y energía hostil. No sé cómo él me soportó..."

Cuando María escogió poner fin a la consejería, estaba comenzando a sentir alivio de la amargura de su pasado. Comenzaba a comprender que su futuro no estaba limitado por las experiencias de su niñez o matrimonio. Estaba en el camino hacia obtener más confianza y ser una persona más positiva y optimista. Sin embargo, esos resultados positivos no la motivaron lo suficiente como para buscar una renovación espiritual o personal. Al haber procesado los importantes problemas que afrontó tras el divorcio, vio que su vida era más sencilla, pero seguía estática.

Aún con temor

"Varios años después de que dejara la consejería, aún no había comenzado a tener citas amorosas en absoluto —recuerda—. Tenía temor de elegir mal, así que me parecía más fácil no elegir nada. Estaba ocupada con el trabajo. Me mantenía alejada de cualquier hombre que pareciera estar interesado en mí."

Entonces, en el camino de María, se cruzó un evento planeado por la iglesia. Llegó a su buzón una tarjeta sobre un programa de recuperación del divorcio.

"No pude tirarlos —se maravilla—. Agarré un imán y puse esa tarjeta en la puerta de mi nevera, donde la veía continuamente."

> Lo único que María oía era que Dios la amaba.
> Y oír ese mensaje, comenzó literalmente
> a cambiar su vida.

A medida que se acercaba la fecha, ella no era capaz de quitar de su mente el evento. Finalmente, ansiosa e insegura, llamó a la oficina de la iglesia, y reservó un lugar en el programa del sábado en la tarde. Se dijo a sí misma que no tendría por qué asistir aun cuando hubiera hecho la reservación. Después de todo, las personas cambian de opinión.

Sin embargo, cuando llegó el día, ella escogió asistir.

"Estar allí aquel día cambió mi vida —dice con un suspiro—. Por primera vez en mi vida, alguien me dijo que Dios amaba a las personas divorciadas. Quiero decir que por sencillo que parezca eso, ¡nadie me lo había dicho nunca! Y fue lo último que yo esperaba oír de Dios: que Él me amaba. Yo suponía que Dios me tenía en su 'lista negra' o algo así por ser divorciada, y suponía que yo era cierto tipo de 'hija problemática' ante sus ojos."

Aunque el seminario incluía información concreta y positiva acerca de sanidad y recuperación tras el divorcio, lo único que María oía era que Dios la amaba. Y oír ese mensaje comenzó literalmente a cambiar su vida.

Dos semanas después del seminario, regresó a la iglesia para asistir a un servicio el sábado en la noche. "La gente iba vestida de modo muy informal —recuerda—. Me sentí muy cómoda, no amenazada ni juzgada ni poco bienvenida. De hecho, parecía que la gente ni me observaba, y lo digo en el buen sentido. No me sentí llamativa, ni nada así, como persona que iba por primera vez."

El servicio incluyó una música vivaz, un tiempo inspirador de enseñanza y gran cantidad de café y galletas. Cada ingrediente en la mezcla fue una total sorpresa para María, quien nunca asistía a ninguna iglesia. Entre sus sorpresas, estuvo la amplia mezcla de edades y estados civiles entre quienes asistieron al servicio. Sin embargo, lo principal fue que María discernió un mensaje.

"¡La música fue estupenda!" —exclama—. "Y la enseñanza estuvo llena de información útil. Me mostró el corazón de Dios, por una parte. Dios ya no era esa figura de espíritu mezquino, enojada y crítica. Dios era amable y amoroso. Dios quería lo mejor para mí. Dios quería que mi vida obrara para bien."

Un punto de decisión

Después de varios meses de asistencia irregular, María llegó a lo que ella denomina "un punto de decisión" en su vida.

"Nuestro pastor habla acerca de 'dar a Jesús el volante de nuestra vida' y de 'cruzar la línea' para convertirte en cristiano. Y un sábado después del servicio, yo decidí hacer esa elección allí."

Ella se quedó después del servicio y oró con un ministro perteneciente al personal. "Fue rápido y sencillo" —explica ella—. "Para mí, al menos no fue un evento muy grande. No lloré; no me sentí totalmente distinta. Para mí, sencillamente pareció como algo que necesitaba hacer. Yo necesitaba permitirle a Dios entrar en mi vida, necesitaba dejar de tratar de controlar todo y dejar que Dios obrara en mi corazón."

Fue el comienzo de un principio totalmente nuevo.

"Todo cambió —dice ella con fervor—, aunque yo no lo sentí particularmente y ni siquiera lo noté. Todo cambió desde ese momento."

Varias semanas después, al leer su Biblia y aprender a orar, María comprendió que el estrés y la tensión en su vida se veían notablemente disminuidos. Comenzó a relajarse y a aceptarse a sí misma. De modo sorprendente, al menos para ella, comenzó a disfrutar de su trabajo y a relacionarse más positivamente con las personas en el trabajo.

"Una de mis amigas en el trabajo fue la primera en decir algo. Un día, se acercó y dijo: 'Pareces más relajada de lo normal', o palabras parecidas. Por tanto, pude decirle, de manera bastante práctica, que yo le había pedido a Dios que participara más en mi vida."

¿Fue esa decisión de algún modo explicada o alentada en el seminario original sobre divorcio al que María había asistido? ¿Se había tratado de experiencias religiosas o transformaciones espirituales?

"Oh, no" —dice ella—. "Aquel día se trató sólo de sanar del divorcio. Nadie estaba forzando ningún plan religioso ese día; yo lo habría notado. Pero sí que oímos que Dios nos amaba. Fue oír ese mensaje lo que comenzó el cambio de corazón. Oír ese mensaje me abrió a la posibilidad de estar cerca de una iglesia y sus ministerios. Oír ese mensaje me convenció de que Dios no era mi mayor enemigo; quizá Él era un amigo por mucho tiempo perdido."

Menos de dos años después de "darle a Jesús el volante de su vida", María fue presentada como oradora en un seminario sobre divorcio la tarde de un sábado en la iglesia. Brevemente, relató su historia personal, incluyendo su experiencia de conversión.

"Yo no era el orador principal, desde luego; pero las personas que dirigían el programa sobre recuperación del divorcio me pidieron si podría hablar sobre mi propio viaje un poco durante el seminario, así que lo hice. Cuando terminó la sesión, hubo personas que se acercaron a mí para hacerme preguntas y saber más —recuerda—. Yo no sentía que tuviera respuestas, pero fue fácil y natural simplemente relatar mi propia historia. Eso hice."

Hoy día, casi cinco años después de un satisfactorio segundo matrimonio, María, con frecuencia, relata su historia en seminarios de recuperación del divorcio. Para ella, es liberador. Su oración es que otras mujeres y hombres divorciados encuentren su camino hacia Dios, tal como ella hizo. "Esta iglesia no trata en absoluto ni de religión ni de política —comenta ella—. Esta iglesia trata con personas que encuentran paz con Dios, y paz con ellas mismas. Literalmente ha cambiado mi vida, así que, para mí, es fácil decirle a la gente lo que he visto aquí."

Recibir paz de un Dios amoroso

La experiencia de María está lejos de ser única.

"Yo no habría sobrevivido a esto si no hubiera encontrado a Dios", es como Daniela habla acerca de su divorcio y subsiguiente viaje espiritual. "Mis padres estaban muertos, mis hijos eran jóvenes, y mi esposo se fue por la puerta. Yo no tenía a nadie. Me lancé en brazos de la religión de mi niñez, y descubrí que había verdaderamente algo real allí. Cuando regresé a la iglesia después de haber estado lejos por mucho tiempo, quedé sorprendida al descubrir a un Dios que era real y personal, y que me amaba."

Daniela es incapaz de explicar lo que la trajo de regreso a la iglesia.

"Solamente sabía que estaba sola. Sabía que no tenía las respuestas a lo que me estaba sucediendo, ni qué hacer a continuación. Cuando pensaba sobre mi vida, la idea de regresar a la iglesia de algún modo vino a mi mente."

¿Fue Dios obrando, alcanzando a Daniela?

"No lo sé" —dice ella—. "En aquel punto en mi vida, yo no era religiosa, ni espiritual, ni ninguna otra cosa. Estaba confundida. Estaba enojada. Estaba perdida. Quería que alguien me explicara las cosas. Quería que todo tuviera sentido de algún modo."

Encontrar amigos

¿Es esto lo que ella encontró en la iglesia cuando regresó a ella?

"Bueno, no exactamente" —relata ella—. "Lo que encontré en un principio fue un grupo de personas que tomaron interés en mí. Ellos no parecían juzgarme ni mirarme con desdén. De hecho, entre las primeras cuatro o cinco mujeres que encontré y llegué a conocer en la iglesia, ¡dos de ellas eran divorciadas!" Daniela está sorprendida de eso. "¿Quién sabría que había tantas personas divorciadas en la iglesia? Quiero decir que yo nunca esperaba eso."

Ella nos dice algo de su niñez. "Crecí en una iglesia muy amigable. Quiero decir que no sé realmente por qué dejé de asistir, a excepción de que estaba eligiendo algunas cosas que probablemente no fueran muy 'eclesiales' o religiosas. De adolescente, era sexualmente activa, y quizá de cierta manera sabía que Dios desaprobaba eso" —dice arrugando su cara—. "Quizá dejé de asistir a la iglesia porque no quería que nadie me predicara sobre moralidad y sexo."

Años después, ella estaba buscando preguntas sobre moralidad. "Sí" —admite sinceramente—. "Probablemente sabía, aun siendo adolescente, que estaba eligiendo cosas que eran erróneas, haciendo cosas que eran dañinas para mí y otros. Pero estaba tan ocupada viviendo mi vida según mis propias reglas, que no quería escuchar nada de eso. Cuando mi matrimonio se derrumbó, sencillamente parecía lógico regresar a la iglesia y ver si alguien tenía alguna respuesta.

"Fui un domingo en la mañana. Y más adelante aquella semana, dos personas diferentes me habían llamado para darme las gracias por haber ido. Ellos no trataron de venderme nada; simplemente me dijeron que se alegraban de que yo hubiera ido. En aquel momento de mi vida, confusa y dolida, no creía que tuviera ni dos amigos verdaderos en el mundo —dice con voz baja—, así que el que dos extraños llamaran la misma semana, sólo para ser amables... fue difícil resistirse a todo ese cariño."

Daniela regresó a la iglesia el domingo siguiente, y luego estableció como patrón asistir casi cada semana, apoyada por el cariño de aquellos nuevos amigos.

"Conocí a una mujer, y ella era divorciada como yo" —explica—. "Ella comenzó a llamarme y a invitarme a tomar café. Yo estaba un poco distante en un principio, pues no entendía cuáles eran sus motivos."

Después de dos o tres invitaciones, Daniela dijo que sí; y así comenzó lo que se ha convertido en una profunda y duradera amistad.

"Estela es mi mejor amiga en el mundo", dice ella en la actualidad. "Ha estado a mi lado en todo este largo proceso de tratar de sanar y comenzar de nuevo. Ella ha sido muy buena para mí, porque ella ha pasado por las mismas cosas. Su esposo la abandonó, al igual que hizo el mío; ella tenía niños pequeños en casa cuando eso sucedió; yo también. Así que teníamos muchas cosas en común desde el comienzo, a excepción de que ella conocía a Dios y yo no."

Sin embargo, Daniela cambió en ambos aspectos.

"Mi vida comenzó a cambiar en los grupos pequeños", dice con mucha tranquilidad. "Hacíamos un estudio bíblico basado en el sermón del domingo anterior. Algunas de las semanas eran realmente interesantes, y otras era algo aburrido; pero lo que comenzó a suceder es que nos acercamos los unos a los otros en ese grupo. Todos éramos solteros; la mitad éramos solteros después de un divorcio. Todos teníamos aproximadamente las mismas edades, o al menos la mayoría."

Hacerlo personal

"Una semana el sermón fue muy personal. Fue acerca de recibir el perdón de Dios e invitar la presencia de Dios en nuestra vida. Yo tuve que admitir ante mí misma que nunca había hecho eso. Nunca le había pedido a Dios que me perdonara, ni nunca había invitado a Dios a que estuviera activo en mi vida o en mis elecciones. Asistía a la iglesia todo el tiempo, y también a los grupos pequeños todo el tiempo, pero aún nada se había vuelto 'personal'. Yo hacía muchas cosas correctamente, pero en mi interior seguía estando dolida y asustada."

Para Daniela, una noche en el grupo pequeño se convirtió en una experiencia transformadora y en el comienzo de un viaje totalmente nuevo.

"Las cosas finalmente cobraron sentido. Pude ver lo que me faltaba en mi vida; puede ver lo que necesitaba hacer al respecto. Y hacer eso parecía la cosa más natural del mundo."

Amada y querida

Después de orar, confesar y pedir a Dios que le perdonara, Daniela quedó sorprendida cuando todo el grupo se reunió alrededor de ella después de su oración y comenzó a orar por ella: en voz alta.

"Me sorprendió, para ser sincera", dice sonriendo. "Yo no había visto eso antes, o quizá sí cuando era niña, pero no lo recordaba. Por tanto, cuando las personas comenzaron a orar por mí en voz alta, pidiendo a Dios que me bendijera, al principio fue extraño."

"Luego, a medida que yo escuchaba las oraciones, simplemente me asombró. De repente comprendí que había encontrado una nueva familia; una nueva familia de personas, pero también una nueva familia en Dios. Yo era de nuevo hija de Dios, o quizá lo seguía siendo. Yo no era una persona vagabunda que estaba perdida o confundida; estaba otra vez en la familia de Dios, amada y querida."

Fue un proceso de cerrar el círculo desde sus experiencias de la niñez y, sin embargo, fue también nueva y distinta para ella. "Yo nunca había interiorizado mi fe cuando era niña. Nunca había llegado al momento de pedir perdón a Dios y luego recibirlo. Por eso todo lo que rodeó ese momento era nuevo; yo lloraba, y me sentía muy querida: todo al mismo tiempo."

Daniela estaba encontrando la presencia y la suficiencia de Dios; estaba encontrando paz con un Dios que la amaba. En un sentido muy real, ella estaba regresando a casa.

"Solo ahora, años y años después de mis clases de escuela dominical cuando era niña —explica— realmente entiendo aquellas lecciones. En aquel entonces, yo tenía maestros que trataban de decirme que Dios me amaba; pero yo filtraba todo eso por mi mente de niña: Dios me amaba cuando me portaba bien; Dios me odiaba cuando me portaba mal. Nadie me enseñó eso, pero es lo que aprendí de alguna manera.

"Solamente ahora, como adulta, llegando a la fe por primera vez, finalmente entiendo que Dios siempre me ha amado, cuando escogía mal y cuando escogía bien. Dios me estuvo amando todo el tiempo que yo estuve lejos de Él y de su iglesia. Dios me estuvo amando cuando me casé con tan poca sabiduría, y Dios me estaba amando cuando ese necio matrimonio finalmente se rompió."

Ella se hace eco de la pregunta que muchas personas divorciadas plantean: "¿Por qué me llevó toda mi vida entender esto?."

Descubrir que Dios es un compañero comprometido

Antes de volver a casarse, Geraldo pasó diez años como padre soltero divorciado, criando a dos hijas y un hijo. Su ex esposa, quien lógicamente podría haber parecido la elección para tener la custodia de los hijos, era adicta al alcohol y una usuaria activa de "drogas en grupo." Los tribunales lo afirmaron a él como la elección más confiable para sus hijos.

Sin embargo, la religión de ningún tipo no era parte de su vida. "Crecí en la iglesia y me aparté en la adolescencia", confiesa él. "En algún punto, perdí el interés en cualquier cosa que ellos estuvieran vendiendo o tratando de venderme."

Aunque se casó por la iglesia, fue la primera y la única vez que asistió a la iglesia como adulto, hasta que se encontró a sí mismo divorciado y padre de tres niños pequeños. "Necesitaba ayuda —dice— no para mí, sino con los niños. Sinceramente, esperaba que la iglesia pudiera 'estar ahí' para ellos de maneras que yo, como padre soltero, no era capaz de manejar."

Motivos egoístas

"Quizá sea injusto o algo parecido, pero mis motivos para regresar a la iglesia fueron totalmente egoístas. Yo quería encontrar programas, o grupos, o campamentos, o cualquier cosa que ayudara a mis hijos. También esperaba encontrar adultos que pudieran mostrarles a mis hijos lo que una 'familia normal' se suponía que era, ya que su propio hogar estaba destruido y su mamá era una drogadicta."

Geraldo asistió a tres iglesias antes de encontrar lo que pensaba que quería: "Entramos, los cuatro, y de inmediato nos encontramos con una mesa llena de rosquillas —comenta con una sonrisa infantil—. '¡Rosquillas!' También había galletas, creo, pero mis hijos y yo fuimos directamente a las rosquillas. Mi hijo dijo inmediatamente: '¡me gusta esta iglesia, papá!', y creo que ahí terminó la búsqueda." Se ríe mientras relata esta parte de la historia.

Desde luego, un padre soltero no vive sólo de rosquillas. "La mujer que llevó a mi hija pequeña a la clase de los niños —recuerda Geraldo— tenía la sonrisa más cálida y sincera que he visto nunca en una persona. Ella automáticamente parecía alguien en quien se podía confiar. A Maribel pareció gustarle, y cuando vi a las dos dirigirse hacia la clase de los niños, supe en mi corazón que habíamos encontrado una buena iglesia."

No es que él estuviera buscando una experiencia religiosa de algún tipo. "No para mí, no —insiste—, y yo tampoco quería particularmente ningún tipo de adoctrinamiento religioso para los niños. Simplemente quería que ellos aprendieran algunos buenos valores y estuvieran alrededor de buenas personas. Pensé que la iglesia era un lugar tan bueno como cualquier otro, para buscar esas cosas..."

"Colaborar con Dios"

Dios aparentemente tenía otros planes.

"Enseguida me invitaron a un retiro para hombres —dice Geraldo—, y desde luego, al ser padre soltero, no podía ir; pero me impresionó que las personas trataran de acercarse a mí e incluirme en las cosas. Agradecí eso; no me ofendió, sino que me pareció 'amigable', de una manera buena."

Cuando tuvo lugar un evento para hombres un sábado en la mañana unos meses después, él decidió asistir. "Mis padres se quedaban a veces con los niños el sábado o el domingo, sólo para darme algún tiempo para relajarme, limpiar la casa o cualquier otra cosa. Aquel sábado, mis padres tenían a los niños, y había un evento para hombres en la iglesia que presentaba a un importante atleta profesional y a algunos otros hombres que hablaban sobre cómo la fe les había salido al encuentro en sus vidas."

> **"Creo que estaba teniendo un 'encuentro divino' y simplemente aún no lo comprendía."**

"Pensé que no podría haber demasiada 'predicación', ya que ellos eran deportistas —continúa—, y yo siempre había admirado al atleta que era la principal atracción. De algún modo pensé: *¿Por qué no ir? ¿Qué daño hará?*"

Geraldo asistió, conociendo a nuevos amigos y conectando con hombres que había visto en la iglesia pero con quienes no se había relacionado. La atmósfera en el evento de desayuno del sábado era informal, la conversación humorística, y la risa constante.

Luego el orador comenzó a hablar sobre Dios.

"Toda su charla aquel día se trató sobre colaborar con Dios", recuerda Geraldo, "pero eso no fue lo primero que observé. Lo primero fue que aquel hombre era divorciado y casado por segunda vez; y hablaba mucho sobre su divorcio, probablemente más que sobre el deporte. Él no estaba amargado, ni parecía enojado; pero sí que expresaba muchas de las mismas cosas que yo había estado sintiendo desde mi divorcio. Creo que estaba teniendo un 'encuentro divino' y simplemente aún no lo comprendía."

Cuando el orador llegó a una parte de su charla en la que invitó a los hombres a recibir a Cristo en su vida y "colaborar con Dios" para el futuro, Geraldo supo que necesitaba hacer eso: "¡Me sorprendí de no haberlo visto venir! Pero cuando él llegó a esa parte de la charla, yo sabía en mi corazón que eso era exactamente lo que yo necesitaba."

"No hablé con nadie, incluyendo al orador —dice—, ni llené ninguna tarjeta ni puse mi nombre en ninguna lista. A mí realmente no me gusta unirme a nada; pero en mi corazón, en privado con Dios, sí que le invité a que viniera a mi vida. No podría explicarlo, pero supe que estaba cambiando mi vida y dando a Dios algún tipo de papel central a la hora de ayudarme como persona y especialmente como padre."

¿Cambiaron las cosas para él después de ese momento?

"¿Quiere decir si fui más inteligente de repente?", se ríe Geraldo. "No realmente; pero sí que sentí como si aquel tremendo peso fuera quitado de mis hombros. Aunque mis padres me habían ayudado y otros amigos habían estado a mi lado, yo había estado sintiendo que si quería que mis hijos lo lograran y las cosas salieran bien, era algo que me correspondía a mí. Después de aquella reunión me sentí más ligero. Era como si ya no tuviera que ir con todo ese peso de ser papá, mamá, y todo lo demás para mis hijos. Realmente tuve un sentimiento de que Dios —dondequiera que estuviera y quienquiera que fuera— acababa de firmar para ayudarme a criar a mis hijos."

Ya no más solo

Al mirar atrás, Geraldo cree que el proceso está funcionando.

"Oh, no sé cómo podría haber sobrevivido cualquiera de aquellos años sin Dios como compañero y ayudador. Y ahora, aunque estoy casado con una mujer maravillosa, los dos aún sabemos que necesitamos a Dios como compañero."

¿Puede Geraldo describir lo que es colaborar con Dios? ¿Puede ponerlo en términos prácticos que otros puedan entender?

"Bien, como ya dije, me sentí 'más ligero' enseguida", comienza, "y eso significó mucho para mí, porque sabía que no era yo quien lo estaba inventando. Tuve un sentimiento muy tangible y real de que ya no estaba solo. Dios estaba conmigo.

"Por encima de eso, comencé a aprender a orar. Aquello fue difícil para mí; yo no había crecido en una casa donde nadie orara acerca de nada. Yo no sabía cómo orar; pero comencé a aprender a orar y a pedirle a Dios que me ayudara, a pedirle consejo. Y un día o dos después, o una o dos semanas después, a veces tenía un sentimiento realmente claro de lo que debería hacer. Eso no sucedía todas las veces; no sucedía según cierto tipo de calendario regular. Pero seguía siendo real. Verdaderamente me estaba sucediendo a mí. Yo le pedía a Dios sabiduría, y Dios respondía mis oraciones y me daba un sentimiento de qué hacer."

Pedimos un ejemplo.

"Bien, volver a casarme es definitivamente el mayor", suspira Geraldo. "A mis hijos les gustaba mucho Melisa, a todos nos gustaba. Quiero decir que yo estaba enamorado de ella. ¿Pero casarme? No estaba seguro de que esa fuera la respuesta. Mi primer matrimonio terminó mal; sinceramente, fue bastante mal todo el tiempo. Yo no estaba seguro de estar preparado para intentarlo de nuevo, especialmente si todo iba a volver a romperse."

"Por tanto, hablé con algunos hombres en la iglesia, y con mis padres, pero entonces comencé seriamente a orar por eso, preguntando a Dios si debería volver a casarme. ¿Suena eso a locura? Sé que muchas personas creen que Dios no se implica en 'las cosas personales' o los detalles cotidianos; pero yo oraba por ello, preguntando a Dios si debería casarme de nuevo."

Una segunda compañera

Geraldo continuó orando de ese modo durante cuatro meses. "Cuanto más oraba, más paz tenía", insiste. "Oraba y hacía todo lo posible por escuchar algún sentido de la dirección o instrucción de Dios, y lo que venía sobre mí era un sentimiento de paz y quietud acerca de volver a casarme."

"Creo que eso era Dios. Porque la paz que sentía venía porque yo oraba, cuando oraba, y después de haber orado. Yo le estaba pidiendo a Dios sabiduría, y eso era lo que estaba obteniendo. Tenía un sentimiento de paz acerca de casarme otra vez, y eso era lo que necesitaba, porque tenía temor a ello. ¿Me dijo Dios que me casara con Melisa en voz audible? No. No experimenté nada ni remotamente parecido a eso; pero oraba, y mucho, y cada vez que le pedía a Dios que me mostrara si debería casarme con Melisa, me sentía inundado de un sentimiento de quietud y paz."

Geraldo habla con una firme convicción y una voz clara. "Quizá otras personas no puedan conectar con eso", dice despacio, "pero todo esto ha sido totalmente real para mí. Y ha habido muchas otras cosas que he llevado a la oración, y he sentido que Dios me guiaba a saber qué debería hacer."

¿Se considera Geraldo a sí mismo una persona "cambiada"?

Piensa un poco antes de responder la pregunta. "Sí, de dos maneras", dice finalmente. "La primera, y la más importante, soy una persona cambiada, porque Dios está en mi vida. Dios está guiando mi vida. En segundo lugar —quizá no sea lo que me pregunta— soy una persona cambiada porque estoy casado con Melisa. Ella creció con todo lo que yo no tuve: padres que caminaban con Dios y le mostraron lo que eso era.

"He aprendido mucho sobre Dios de Melisa", sigue diciéndonos. "Ella me ha mostrado lo que es, diariamente, ser un colaborador de Dios en esto llamado vida. Melisa tiene un tipo de 'fe firme' que, a pesar de lo que suceda, cada mañana cuando se despierta, Dios va a estar a su lado, preparado para ayudarla, guiarla y mostrarle qué hacer."

"Ella no sólo habla de eso, sino que lo vive. Es real en ella, y cada día también se hace más real en mí."

Geraldo concluye, pero luego añade un pensamiento final.

"Tengo dos compañeros", dice. "Dios es el principal, pero Dios ha escogido darme otro. Estoy más agradecido por eso de lo que posiblemente podría decirle..."

Vislumbres de mariposa

Cuando un gusano se convierte en mariposa, se rodea a sí mismo en un capullo, emergiendo más tarde en una forma completamente distinta de lo que era antes: ahora tiene alas, y puede volar. En medio de esas dos etapas la vida del gusano implica oscuridad y cambio, el trauma y la lucha de la transformación.

De alguna manera, es el periodo oscuro de la vida, los cambios traumáticos que somos forzados a soportar, lo que con frecuencia nos trae la mayor posibilidad de ser transformados en algo nuevo y capaz: una mariposa con alas. Antes, contentos con nuestros propios caminos, avanzábamos a gatas sobre nuestros estómagos, avanzando centímetros hacia nuestra propia versión del futuro. Sólo después, tras el trauma, comprendemos que se nos han dado alas para volar; podemos remontarnos a lugares que solamente imaginábamos.

El divorcio es como eso. El divorcio hace pedazos nuestra vieja manera de proceder; pone fin a nuestra cómoda vida, o al menos a la vida a la que nos habíamos ajustado como normativa, forzándonos a afrontar los lugares oscuros y aterradores. Sin embargo, es precisamente en esos lugares, cuando confiamos en Dios y en su sabiduría, donde podemos hacer real nuestra transformación en nuevas creaciones por medio de Cristo.

John Ortberg se refiere a este proceso como "mutación." En sus maravillosos escritos acerca de la renovación espiritual y el crecimiento personal, él nos desafía a estar abiertos a las gracias transformadoras que caracterizan las relaciones de Dios con nosotros. Solo cuando estamos atrapados en las garras de algo mayor que nosotros mismos podemos cumplir el elevado llamado y el brillante diseño de nuestro Creador.

En nuestros momentos más débiles, en nuestros lugares más bajos, podemos abrazar a Dios, cuyo amor por nosotros incorpora los aparentes desastres de nuestras vidas y los cambia en hermosas y nuevas posibilidades. Cuando permitimos que Dios nos guíe y dirija nuestros caminos, podemos esperar descubrir capacidades que nunca conocimos.

Gabriel, divorciado después de casi ocho años de difícil matrimonio, se descubrió a sí mismo descendiendo en espiral a la tristeza y la confusión. No tenía otra cosa que su fe a la que aferrarse, y algunos días su fe parecía fútil, en el mejor de los casos. Si había un Dios, ¿por qué Él había permitido que tanto sufrimiento invadiera la vida y el matrimonio de Gabriel?

"Yo no sabía lo que Dios estaba haciendo, pero fuese lo que fuese, llegué al punto en que simplemente dije: 'Dios, soy todo tuyo para que me moldees, me formes y me cambies'", recuerda Gabriel. "No dije eso con grandes expectativas; lo dije más como una oración final."

Lo que Gabriel no entendía era esto: Dios estaba formando un líder para servirle a Él.

Hoy día, activo en el ministerio con personas divorciadas, padres solteros, y parejas casadas por segunda vez con familias mixtas, Gabriel menea su cabeza sorprendido por lo que Dios hizo. "¡No puedo creer que esté en el ministerio!" Hay asombro en su voz.

"No puedo creer que Dios usara el final de mi matrimonio, y el terrible dolor que sentí, para cambiar mi dirección en la vida y llevarme al ministerio como vocación. Me sorprende", dice, mirando por una ventana lejana. "No me habría imaginado esta vida ni en miles de años..."

Según su propia descripción, Gabriel ni es rico ni famoso, ni "importante" ni siquiera "talentoso." En cambio, él sugiere otro término que podríamos utilizar para describirlo ahora: "Estoy... realizado", dice tiernamente. "Cuando trabajo con familias mixtas, ayudando a personas a comprender cómo integrar a los hijos de ella, de él, las diversas expectativas de los demás, y muchos malos recuerdos en una nueva casa de algún modo feliz, cada día me maravillo de que Dios me tomara, me limpiara el polvo, y me moldeara como ministro."

Él está silencioso, contemplando eso. "Es increíble para mí. No es que yo sea una presencia tan, tan útil en las vidas de las personas, no estoy diciendo eso. Es sólo que casi cada día estoy implicado en ayudar a personas a hacer ajustes transformadores en su matrimonio y en su modo de criar a sus hijos. Casi cada día alguien me pide consejo piadoso ¡a mí! Y yo comparto con ellos lo que he aprendido por medio de todo esto."

Él menea la cabeza. "Le digo que si Dios puede tomar a un hombre con ocho años de un mal matrimonio, después varios años de depresión y tristeza, y moldear a ese hombre como un ministro optimista y de pensamiento positivo..." Deja que la frase quede sin finalizar durante un momento.

"Lo que le digo a la gente es que cualquier cosa es posible", continúa, "cualquier cosa." "No hay límite en lo que Dios podría querer hacer con nosotros. Puede que Él tenga en mente para nosotros un cambio completo de carrera o de llamado; puede que Él esté a punto de abrir puertas que nunca podríamos haber abierto por nosotros mismos."

En otras palabras, cuando Dios se implica, los gusanos pueden volar; emergen de la oscuridad, remontándose a las alturas, con sus brillantes colores resplandeciendo en el cielo azul. Desde los lugares silenciosos y las luchas ocultas, emergen con alas.

Si el dolor y el daño de su pasado le han mantenido atrapado en patrones de mirar atrás con lamento y tristeza, este libro ya ha comenzado a invitarle

a darse la vuelta y mirar hacia delante. Ahora le insta a una segunda posibilidad: Ya que de todos modos mira usted hacia delante, avance: prepáre-
se para volar.

CAPÍTULO TRES

Hacer la elección de crecer y cambiar

DE LAS RUINAS DE SU VIDA ANTERIOR,
NUEVAS OPORTUNIDADES

*Debemos convertirnos
en el cambio que buscamos en el mundo.*
—Mahatma Gandhi

El divorcio nos presenta un amplio rango de emociones, a menudo mezcladas juntas al mismo tiempo de maneras confusas. Puede que nos encontremos a nosotros mismos orando por una rápida recuperación o por aspectos concretos del proceso legal. Puede parecer que nuestras oraciones han sido respondidas; también puede parecer que han sido ignoradas.

Cuando su divorcio fue definitivo, ¿cómo reaccionó usted? ¿Cuál fue su primer conjunto de emociones ese día? ¿Experimentó un gran sentimiento de alivio, porque el proceso hubiera alcanzado finalmente una conclusión? ¿O se sentó en algún lugar a solas y lloró durante un rato, lamentando la pérdida de todo lo que podría haber sido? ¿Cómo se sintió aquel día?

Puede que estemos contentos al recibir la custodia de nuestros hijos, o puede que estemos molestos porque nuestra pareja se haya aprovechado de nosotros económicamente. Nuestras emociones pueden variar ampliamente; podemos quedar sorprendidos por la repentina intensidad de nuestras respuestas.

Una de las principales reacciones que muchas personas divorciadas dicen haber tenido es un emergente sentimiento de celos. Aunque las razones pueden variar, esos celos con frecuencia surgen de una percepción de que la anterior pareja esté teniendo una "nueva vida", quizá al casarse con alguien más joven, o aparentemente escapando de sus anteriores obligaciones y responsabilidades como un compañero y padre comprometido.

No es común que una esposa, al divorciarse, se sienta abandonada y sola, resentida de la oportunidad de su esposo de simplemente reinventarse a sí mismo, comenzar de nuevo, y quizá hasta comenzar una nueva familia.

Sin embargo, puede que sea el hombre quien "queda atrás", lamentando la pérdida del verdadero amor cuando su anterior pareja parece alejarse con otro. El cónyuge abandonado, que se queda en su lugar para pagar las facturas, manejar las deudas y seguir con el empleo, puede sentirse traicionado, aislado y celoso de la aparente libertad que el cónyuge que se va llega a experimentar.

Sin embargo, en lugar de un paradigma centrado en los celos, el abandono y la oportunidad perdida, es posible ver el divorcio de una manera totalmente distinta: como una oportunidad para crecer, como una oportunidad para el desarrollo propio y la autoexpresión que puede que nunca se produjeran dentro del contexto del anterior matrimonio.

¿Significa eso que una mujer *debería* divorciarse a fin de poder expresarse a sí misma? ¡Claro que no! Sin embargo, sí que revela una verdad acerca de la realidad de la separación: Ahora hay todo un nuevo conjunto de oportunidades esperando a ser descubiertas y exploradas.

Entre esas oportunidades está la de crecer y desarrollarse de maneras que podrían haber sido dejadas a un lado, pospuestas, o ignoradas por completo si el matrimonio hubiera sobrevivido. De las ruinas de la anterior relación y estilo de vida, pueden emerger un nuevo crecimiento y posibilidades.

Explorar esas opciones es un posible beneficio que puede obtenerse de una experiencia de otro modo negativa.

¿Qué ayuda a un jardín a crecer?

Los escritores de este libro son jardineros, pero no el tipo de jardineros muy exitosos que presentan rosas ganadoras de trofeos en competiciones anuales, que dan sus propios nombres a nuevas variedades y que tienen sus fotografías en la portada de la revista *Rose Weekly*. Nosotros somos jardineros como pasatiempo y como deleite, no por la apasionada búsqueda de premios.

David explica que la jardinería es su forma de terapia preferida. Esto es ciertamente cierto. Él experimenta una profunda serenidad y un sentimiento de calma con la jardinería; cavar en el terreno parece restaurar su alma y aquietar su espíritu de maneras útiles.

A Lisa le encanta la belleza y el color del jardín, además de los aromas que resultan cuando nuestras matas de flores están en su cenit. (Ahora acaba de ser la temporada del jengibre aquí. Durante varias semanas, cada vez que salíamos por la puerta de la casa éramos inundados del aroma del jengibre: puro, natural y energizante.)

Nosotros somos jardineros porque disfrutamos pasando tiempo al aire libre y nos encanta el desafío y las recompensas de plantar, regar, podar y desherbar. Y como jardineros, entendemos los principios básicos de la sabia preparación del terreno, si es que uno desea tener una abundante exhibición de belleza floral. Por nuestra experiencia, tenemos una pregunta para usted: ¿Imagina lo que ayuda a un jardín a crecer?

El estiércol

Nosotros compramos *sacos* para nuestro jardín. Parece un poco tonto intercambiar un buen dinero por estiércol. Sin embargo, sabemos por años de jardinería, que echarlo al terreno dará como resultado un abundante crecimiento que de otra manera no se produciría. Añade nutrientes y fertilizantes naturales que la tierra en nuestro jardín no contiene de otro modo. Cuando llega el estiércol, se produce el crecimiento.

Ahora vienen las buenas noticias. Cuando usted se divorcia, ¡todo el estiércol es liberado!

No en la tienda de plantas, sino en la vida. Nada echa estiércol sobre sus perspectivas como un repentino divorcio; nada hace apestar más su vida como una batalla por la custodia o una lucha por las finanzas. Como persona divorciada, usted probablemente odie el "olor" de todo el proceso, y puede que salga sintiéndose que está manchado personalmente por el aroma. Sin embargo, en lugar de revolcarse en la negación y el desperdicio de su vida anterior, quizá haya otra manera de considerarlo.

Trate de ver el "estiércol" del divorcio como el fertilizante para su nuevo yo. Imagínese a usted mismo como una planta que crece en el borde del patio, que necesita algunos nutrientes y fertilizantes que hasta ahora han faltado en su vida y experiencia. Descubrirá que este cambio de paradigma está arraigado profundamente en el terreno de una desconcertante realidad: La adversidad y la dificultad enriquecen su vida de maneras que puede que usted no haya buscado. Y el proceso puede fomentar el crecimiento, el fruto y la cosecha en su vida.

Extender sus conjuntos de destrezas y capacidades

Carol no vio venir su divorcio. Ocupada criando a sus dos hijos, ella creía que la huída emocional de su esposo de ella era probablemente el resultado de que estuviera demasiado ocupado en el trabajo. O quizá él estuviera simplemente huyendo de las constantes demandas de dos hijos pequeños que eran muy activos y que cada uno afrontaba desafíos de salud de la niñez.

> "Él había arreglado todo a su conveniencia, hasta el último detalle... Él había calculado exactamente cómo haría todo esto." En otras palabras: Carol se enfrentó a un repentino cúmulo de estiércol.

Aunque Carol llevaba la casa principalmente sola, ella nunca esperó hacerlo a tiempo completo. Sin embargo un día, su esposo después de siete años le dijo que se iba. "Él dijo que lo había intentado, pero que no estaba funcionando —es como Carol recuerda sus palabras aquel sábado—; él dijo que no era justo para mí estar 'atrapada' en un matrimonio que no tenía amor en él. Y ya que él no me quería, no podía seguir manteniéndome 'atrapada' así."

Era obviamente su esposo quien estaba "atrapado." Sus actos no parecían estar arraigados en interés por su esposa o sus dos hijos. Carol —sorprendida, insegura y sin sabio consejo para guiarla— principalmente consintió el divorcio y sus términos. Como resultado, su ex esposo se benefició económicamente de maneras que no eran ni apropiadas ni justas.

El acuerdo la dejó a ella incapaz de ocuparse de sí misma y de sus dos hijos. Una vez que comprendió las nuevas condiciones que afrontaba, se puso furiosa. "Cuando desperté, ¡era demasiado tarde! Él había arreglado todo a su conveniencia, hasta el último detalle... Él había calculado exactamente cómo haría todo esto."

En otras palabras: Carol se enfrentó a un repentino cúmulo de estiércol.

La respuesta de ella al desastre sorprendió hasta a la misma Carol. "Yo había hecho algunos trabajos de contabilidad cuando estaba en la universidad", explica. "Nada muy complicado. Habían pasado diez años desde aquella experiencia, pero en los días y semanas después del divorcio, uno de mis primeros pensamientos fue que quizá pudiera desempolvar mi antigua destreza en contabilidad y ganar algo de dinero para nosotros."

Con la ayuda de una amiga en la iglesia, Carol escribió su currículum. Su experiencia laboral era mínima y parecía anticuada; el currículum entero apenas si llenaba una sola página. Mencionaba sus dos años en una universidad de la comunidad, sus cursos en contabilidad y finanzas, y su anterior experiencia laboral, aunque hubiera pasado casi una década. Consciente de que su currículum era muy escaso y sus posibilidades parecían oscuras, regresó a su gran iglesia en las afueras como una fuente de posibles patrones.

"Puse un pequeño anuncio en nuestra sección de clasificados de la iglesia", relata. "El anuncio no trataba de vender mis capacidades. Sencillamente decía que yo era una madre recién divorciada con dos hijos pequeños que criar, y que esperaba encontrar algún trabajo de contabilidad a jornada parcial o completa."

Las primeras dos semanas después de publicar el anuncio no hubo respuestas. Carol se sentía deprimida y triste. Reunió a unos cuantos amigos para que la ayudaran a orar por encontrar el trabajo adecuado, con las condiciones y los beneficios apropiados. Entonces, la tercera semana después de poner el anuncio, dos posibles patrones la llamaron.

"Pasé a trabajar veinticuatro horas a la semana, por ocho dólares a la hora", suspira. "No eran tantas horas, y el salario no era suficiente para mantener a mi familia; pero era mejor que no hacer nada. Inmediatamente, en cuanto comencé a trabajar, también noté que me sentía mejor conmigo misma como persona. No estoy segura de por qué eso era cierto, pero lo era. Cuando recibí aquel primer salario, que sinceramente no era muy alto, me sentí mucho mejor acerca de quién era yo como persona. Me sentí más 'exitosa' de lo que me había sentido desde que comenzó el divorcio."

En el caso de Carol, el trabajo de veinticuatro horas a la semana se convirtió en un puesto de jornada completa tres meses después. Ella estaba agradecida por la oportunidad, y también contenta cuando su nuevo jefe, el dueño de un pequeño negocio, le subió el salario a nueve dólares la hora.

"Yo seguía trabajando barato", sonríe ella, "pero seamos sinceros, para lo 'empolvado' que estaba mi currículum, y el tanto tiempo que había pasado desde que trabajé, mi jefe fue un enviado de Dios. Seguí estando agradecida de que incluso pensara en contratarme."

El siguiente anuncio de Carol en la sección de clasificados de la iglesia fue para alguien que cuidara a los niños en casa, alguien disponible en las tardes cuando sus hijos regresaban de la escuela. "Entrevisté probablemente a seis muchachas universitarias, y todas parecían tan... ¡*jóvenes*!", comenta. "Supongo que para ellas yo probablemente parecía vieja."

Después de varias semanas de entrevistas, Carol contrató a una muchacha universitaria de la iglesia para que le ayudara en la casa, una decisión que realizó su transición a una jornada de trabajo de 40 horas a la semana más sencilla de manejar. "Después de un tiempo, ella comenzó a cocinar algunas cosas", sonríe Carol. "Y resultó ser una mejor cocinera que yo. Así que yo regresaba a casa después de un duro día de trabajo, y ella tenía sopa o algo que ya se estaba cocinando. Todos nos sentábamos y comíamos juntos, y luego ella se iba a su casa y yo me ocupaba de los niños."

Puede que no fuera un arreglo ideal, pero para Carol se trataba de supervivencia. Refrescar su destreza en la contabilidad, preparar un currículum y ser contratada para un trabajo le ayudaron a manejar la soledad, la pobreza y las difíciles tareas de educación que afrontaba. Sin embargo, obviamente, tener que pagar a alguien a tiempo parcial se llevaba una gran parte de su salario; por tanto, ¿recomienda ella su elección a otras madres divorciadas?

"Tener a Cecilia allí cuando yo regresaba a casa —dice ella— fue quizá lo mejor de todo aquel arreglo. Simplemente entrar por la puerta y ver a *alguien* —no que mis hijos no sean personas—, a un ser humano adulto, alguien que me preguntara cómo me había ido el día; eso realmente me ayudó y me alentó. Sí, yo lo recomendaría. Pero también comprendo que Cecilia fue el regalo de Dios para mis hijos y para mí. Por tanto, aunque fue una elección, fue más un regalo de Dios."

Otras madres divorciadas hablan de bendiciones similares en medio de los estragos de sus anteriores matrimonios y familias. Débora, sin haber llegado aún a los treinta años de edad cuando el divorcio la agarró sin estar preparada, regresó a una carrera anterior en decoración de interiores.

"Yo siempre había tenido un buen ojo para eso —dice ella—, pero cuando me casé, también me quedé embarazada enseguida. No trabajé fuera de casa durante los tres años que Jorge y yo estuvimos juntos."

Divorciada repentinamente, Débora regresó a su anterior patrón y pidió un trabajo —cualquier trabajo— que la ayudara a volver a la decoración de interiores o cualquier otra cosa parecida. Ella recuerda estar nerviosa ante esa posibilidad: "Yo había disfrutado mucho de ese trabajo, pero después de todo, habían pasado tres años —nos dice—, así que era difícil volver a entrar por la puerta y decirle a todo el mundo que regresaba... porque mi matrimonio acababa de destruirse."

"Al principio mi jefa sólo me dijo que buscaría un trabajo que pudiera encajar, y que llamaría si surgía algo. Cuando ella llamó, yo casi había renunciado a oír nada de su parte."

Débora redescubrió un primer amor. "Me encanta cualquier cosa que tenga que ver con la decoración de la casa; pero, desde luego, estuve dispuesta a hacer a un lado todo eso cuando me casé. Jorge y yo esperábamos tener hijos enseguida —y lo hicimos—, así que por eso escogí no trabajar durante nuestro matrimonio. Jorge seguía insistiendo en que no quería que yo trabajara fuera de casa, así que no lo hice."

La historia de Débora es similar a las historias de muchas otras personas. Sin embargo, no todo el mundo regresa a un anterior empleo o papel. Muchas mujeres divorciadas descubren de repente nuevas áreas de interés o comienzan a desarrollar nuevos aspectos de su identidad.

Desarrollar nuevos intereses y volver a descubrir los anteriores

"Soy el cliché de una divorciada", dice Lidia riéndose mientras estamos sentados cerca de su escritorio en una ajetreada oficina. "Mi esposo se divorció de mí, y yo necesitaba encontrar un trabajo enseguida, ¡así que me hice agente de bienes inmuebles!"

Sonreímos mientras Lidia nos indica que pasemos a dos sillas al lado de su bien organizado cubículo. Se están construyendo nuevas casas a un ritmo rápido en esa sección de su ciudad en California. Las casas que ya existen parecen venderse bien, y por precios altos, según nos dice ella.

"No puedo decir cuántas mujeres divorciadas conozco que están haciendo esto —continúa—, ¡pero somos muchas! Solamente en esta oficina, yo soy una de aproximadamente de seis mujeres que entraron en los bienes inmobiliarios después de divorciarse."

Le preguntamos a Lidia sobre el proceso de convertirse en agente y sobre el nivel de dificultad o adversidad que ella afrontó al comenzar su nueva carrera.

"Mi mayor sorpresa fue lo caro que es", admite. "Entre los cursos, el examen, y pagar todos los costos para empezar y comprar mis materiales, las cosas enseguida se amontonaron. Luego, encima, se me pidió que me uniera a varias asociaciones nacionalmente, estatal y provincial. Cada uno de esos grupos tiene cuotas anuales que hay que pagar, ¡y ninguna de ellas es barata!"

¿Cómo pudo permitirse Lidia todos esos costos en mitad de responder a un divorcio que ella no había previsto? ¿Cómo fue capaz de permitirse unos gastos tan elevados a la vez que se ocupaba sola de sus dos hijos?

"Mis padres", sonríe. "Mis padres cubrieron todos los costos de inicio. Ellos me siguen diciendo que fue un préstamo, pero cuando intenté devolvérselo, no me dejaron que lo hiciera."

No estamos seguros de si deberíamos hacer preguntas financieras concretas, pero entonces Lidia nos proporciona voluntariamente la información que nos suscita más curiosidad.

"Como agente, gané unos 18,000 dólares en mi primer año completo", suspira. "Y estoy hablando de mis comisiones brutas, antes de descontar todos mis gastos. Si mis padres no hubieran cubierto todos los costos para empezar, probablemente habría perdido dinero, en especial con los altos precios de la gasolina en este estado."

"Gané unos 42,000 dólares en mi segundo año", continúa. "Las cosas comenzaron a discurrir, y ya no me sentía tan 'nueva' todo el tiempo."

¿Y el año actual, que es el quinto año de Lidia como agente de bienes inmuebles?

"Estoy en camino de ganar unos 70,000 este año", observa. "Establecí la meta de 100,000 dólares para el año, pero no voy a llegar. Ahora mismo, el mercado está comenzando a decrecer."

¿Recomendaría Lidia los bienes inmuebles a personas divorciadas, especialmente mujeres, a medida que manejan el vivir solas y educar a sus hijos, si es que los tienen?

"Bien, hay muchas de nosotras haciéndolo", responde, "así que creo que eso lo dice todo." "Los bienes inmobiliarios son realmente un campo 'abierto'; no es que sea tan difícil entrar, y las empresas están contratando a nuevos agentes todo el tiempo. Solamente hay que echar un vistazo al periódico cualquier domingo: encontraremos decenas de anuncios de oficinas que quieren contratar nuevos agentes."

"Pero lo que yo le diría a la gente, especialmente a una mujer que esté pasando por los problemas de un acuerdo de divorcio, es que se necesita bastante dinero para comenzar y poner en marcha el negocio. Y una tiene que ser paciente; no es que de repente vayas a comenzar a ganar muchísimo dinero. Puede que pasen seis meses, o hasta más tiempo, antes de empezar a ganar y pagar tu primera comisión.

"Por tanto, hay que estar seguro de poder continuar durante mucho tiempo, hasta que el negocio pueda apoyarte", concluye. "Yo no podría haberlo logrado sin mis padres, y creo que la mayoría de mujeres divorciadas no tienen los 'bolsillos' necesarios para seguir adelante mientras esperan que comiencen a llegar sus primeros ingresos."

La gerente de Lidia pasa por allí, así que le planteamos una pregunta acerca de las mujeres divorciadas en el trabajo de los bienes inmobiliarios. La gerente, una mujer muy acicalada que aparenta tener unos 60 años, sonríe ante la pregunta.

"No puedo confirmar esto con datos, pero yo he estado trabajando en esto unos 20 años —básicamente desde *mi* primer divorcio—, y calcularía que aproximadamente una tercera parte de las personas en este trabajo son mujeres divorciadas."

Por tanto, ¿es la carrera en los bienes inmobiliarios una elección para una persona repentinamente divorciada?

"¡Claro que sí!", la gerente dice con una gran sonrisa. "Cuando uno posee su propio negocio, ¡el cielo es el límite! Uno puede trabajar tanto como quiera, y está en control de su propio destino. Es un trabajo estupendo para cualquiera, pero especialmente para una mujer que esté intentando recuperarse, económicamente y emocionalmente, de la conmoción de un divorcio."

Lidia asiente con su cabeza.

"Ha sido un don del cielo para mí", comenta. "Eso y la disposición de mis padres a apoyarme hasta que yo estuviera establecida. No lo habría logrado sin la ayuda de Dios y la ayuda económica de mis padres durante los primeros tiempos."

Dependiendo de la oficina y de la empresa, un nuevo agente de bienes inmuebles puede tener flexibilidad en las horas de trabajo, permitiéndole así manejar los horarios de sus hijos en edad escolar, estar en casa cuando sea más necesario para ocuparse de ella y cuidar a los niños. También gran parte del trabajo en bienes inmuebles puede hacerse desde casa, como revisar propiedades en la computadora y llamar por teléfono a potenciales clientes.

Rebeca descubrió un nuevo interés en los días y semanas posteriores a su divorcio, algo que ella siempre había considerado pero nunca había perseguido.

"Enseño arte en el instituto de la comunidad", nos dice a la vez que agarra un gran vaso de leche de soja. "Siempre había tenido esta idea en mi mente, que algún día me encantaría enseñar arte a adultos. No es que no me guste hacerlo con gente más joven —dice riendo—, pero en lo profundo de mi mente siempre he pensado que sería divertido ayudar a los adultos a expresar su lado creativo mediante el arte."

"Nunca habría buscado esto si David no me hubiera dejado", continúa. "Tenía que encontrar un trabajo, así que me senté a leer el periódico y comencé a leer todos los anuncios, buscando *cualquier cosa*. Cuando llegué a la sección 'E' de 'Educación', había un anuncio para enseñar clases nocturnas en nuestro instituto local. Aunque no enumeraban el arte como una de sus necesidades, yo decidí completar una solicitud, conocer al personal y ver si quizá habría algún puesto."

No lo había, pero Rebeca no se desanimó. "No tenía nada que perder", recuerda. "Llenar la solicitud y conocer al decano asistente fue una experiencia de aprendizaje para mí, muy valiosa. Así que me dije a mí misma que si Dios quería abrir una puerta en esta área, entonces Dios lo haría."

Cuatro meses y medio después, la puerta se abrió. Rebeca comenzó su nueva carrera como maestra de arte enseñando dos clases por semana, una en la tarde y otra en la noche. Para Rebeca, con dos hijos pequeños en casa, la cantidad de trabajo y el horario eran casi perfectos. "No tuve problema para conseguir personas que cuidaran de los niños en la noche. Y pude encontrar a varias muchachas del instituto que estaban disponibles en la tarde. Así que si una de ellas estaba ocupada, otra podría venir."

"Al principio, estaba nerviosa como maestra", admite. "Y me sentía rara al estar delante de la clase en aquellas primeras sesiones. Quiero decir que yo nunca antes había enseñado realmente nada. No estaba segura de si podría hacerlo, pero pensé: *¿Cómo voy a descubrirlo a menos que lo intente?*"

Rebeca lo intentó y terminó amándolo. "Ahora enseño más horas", dice. "Con mis hijos en la escuela, tengo más tiempo disponible. Una de las mejores cosas del instituto lo cal es que se ofrecen clases en horarios flexibles, para adultos trabajadores y para alumnos del instituto, y eso termina siendo una bendición también para el maestro."

¿Gana ella lo suficiente para alimentar a la familia?

"Claro… si no comen mucho —se ríe—, en especial cuando comencé, con sólo aquellas dos clases, no ganaba mucho dinero. Pero el punto es que estaba trabajando, intentando algo nuevo. De cierta manera, estaba cumpliendo un sueño que había estado en mí por mucho tiempo. Así que, sí, salíamos adelante económicamente, de manera pobre en cierto sentido. Las cosas eran difíciles, pero creo que toda mujer divorciada sabe lo que es eso, y probablemente también lo sepan los hombres divorciados. Quiero decir: ¿quién es divorciado y tiene dinero para ahorrar? ¡Nadie que yo conozca!."

Aunque estas opciones podrían haber sido descubiertas y exploradas dentro del contexto de un matrimonio saludable y satisfactorio, la realidad es que la destrucción de una unión matrimonial con frecuencia proporciona el contexto para el descubrimiento de una nueva carrera, o un regreso a una abandona por mucho tiempo.

Ya estén motivadas por pura necesidad económica, o soledad, o un deseo de sentirse exitosos en alguna área o esfera de la vida, las personas divorciadas entran en el mundo laboral con un alto grado de motivación. Ya no pudiendo confiar en una pareja para que les aliente y apoye, aprenden a confiar más plenamente en Dios. A menudo también disfrutan de un mayor sentimiento de autoestima que fluye de tener ingresos y proveer para las necesidades de su familia.

Celia trabaja en un supermercado, una carrera que comenzó con su divorcio.

"Es el único lugar donde lo solicité —nos dice—, y lo solicité allí porque podía ir a la tienda caminando. Estaba justamente en mi barrio."

"Tiene que ser Dios...
Cuando mi primer esposo me dejó, estaba muy
quebrantada y sola. Simplemente clamé a Dios,
y le pedí que me ayudara."

Ocho años después de su divorcio, y cinco años después de haberse casado de nuevo, Celia sigue trabajando en la misma tienda. "Es un trabajo de unión", comparte. "Yo gano dinero, y los beneficios de la atención sanitaria son estupendos. Aunque probablemente podríamos salir adelante sólo con los ingresos de David, me gusta salir de la casa durante el día."

"Y me gusta sentir que estoy realizando una contribución. No sé, hay algo en recibir un cheque regularmente que sencillamente me ayuda a sentirme mejor. También, en lo profundo de mi mente, como que pienso que si este matrimonio termina alguna vez —va estupendamente, y creo que David y yo estaremos juntos para siempre—, pero si este matrimonio termina alguna vez, tengo un buen trabajo y buenos beneficios, y así mis hijos estarán bien."

¿Pensó Celia en otros tipos de trabajos?

"Lo hubiera hecho si el supermercado no me hubiera contratado —reconoce—, pero el día en que entré, una de las cajeras acababa de irse. Y aunque yo no tenía ninguna experiencia, por alguna razón me contrataron en aquel momento. Comencé a trabajar un día después de solicitarlo. Realmente no sabía lo que hacía, pero ellos me formaron y me ayudaron a sentir que las cosas irían bien. Y al final de la primera semana, me sentí como si llevara trabajando allí toda mi vida... en el buen sentido."

¿Cómo explica Celia ese tipo de éxito "instantáneo"?

"Tiene que ser Dios —afirma—. Cuando mi primer esposo me dejó, estaba muy quebrantada y sola. Simplemente clamé a Dios, y le pedí que me ayudara. Sabía que tendría que trabajar, pero no tenía idea de qué debía hacer. Y realmente tampoco tenía capacidades, así que no veía por qué alguien querría contratarme."

Con fluidez tanto en español como en inglés, Celia cree que puede que la contrataran porque era bilingüe. Recuerda que el gerente de la tienda observó eso. "Cuando comencé en la tienda, no había ninguna otra cajera que hablara español, pero muchos clientes hablaban español, y hacían preguntas en español, y no había nadie allí que pudiera responderles."

Celia cree que Dios la guió a la tienda y al trabajo.

"Yo estaba orando una mañana acerca de qué hacer, y simplemente sentí que Dios me guiaba a solicitar trabajo en la tienda. Me levanté después de mi tiempo de oración, me puse mi mejor ropa, y caminé hasta la tienda para ver si había algún puesto libre."

"Eso fue hace ocho años, y sigo trabajando allí. Así que estoy segura de que Dios me estaba cuidando. Dios me estaba guiando con respecto a qué hacer."

Convertir una capacidad en una carrera

Cuando la esposa de José se fue, dejó atrás no sólo a su esposo, sino también a un hijo de tres años. Ella quería librarse de ambos, y el decreto de divorcio le otorgó su deseo.

José se encontró a sí mismo con la custodia única de un niño, que era demasiado joven para la guardería y no lo bastante mayor para el programa pre-guardería en el distrito de la escuela local. Para José, solo había una elección lógica.

Se convirtió en un papá en casa.

"Yo trabajaba como informático principal en un gran banco en el centro", nos dice. "De hecho, mi trabajo podría haber sido una de las razones de que Shawna me dejara. Yo estaba bastante ocupado con el trabajo; en aquel entonces era normal para mí trabajar 50 horas por semana."

Solo y con la responsabilidad de educar a un niño de tres años, José decidió que tenía que dejar el trabajo.

"Mi jefe me ofreció un importante aumento si me quedaba —relata—, y no creo que eso no me tentara, pues era una estupenda oferta. Pero pensé que mi hijo ya había perdido a uno de sus padres; yo no iba a dejarle que perdiera también al otro. No si podía evitarlo."

Al manejarse bien con los problemas de software y hardware, José decidió abrir su propio negocio de reparación de computadoras, con base en su propia casa. "Necesitaba algo que pudiera hacer en mi propia sala. Cuando trabajaba en el banco, todo el mundo en la oficina me traía sus computadoras personales 'muertas' o acudía a mí cuando algo iba mal. Así que pensé que tenía un mercado incorporado precisamente con las personas a las que ya conocía."

Le preguntamos cómo era el negocio en aquellos tiempos.

"Aquel primer año, mis ingresos disminuyeron más de la mitad", recuerda. "Creo que podría haber ganado un 30 por ciento de mi anterior salario aquel primer año. No podía permitirme contratar un seguro médico, así que no tuve ninguno, no para mí sino para Tomás. Odiaba eso, ¿pero qué podía hacer? Los precios de la cobertura básica eran increíbles."

¿Cómo sobrevivió?

"Sinceramente, mis padres nos ayudaron", admite José. "Tres o cuatro veces aquel primer año, ellos me dieron un cheque. Yo era demasiado orgulloso para pedirles ayuda, pero ellos podían ver que la necesitaba. También fueron estupendos con Tomás."

Finalmente, el negocio comenzó a expandirse. Hoy día, José tiene empleado a un ayudante a jornada completa y a tres personas a media jornada. "Contándome a mí, doy empleo a cinco personas —dice con orgullo—, y todos nosotros, hasta las personas a media jornada, tenemos beneficios de la asistencia sanitaria."

Tomás, que tenía tres años cuando su madre lo dejó, es ahora un activo niño de nueve años que juega en una liga de fútbol. José a veces se salta el trabajo para ayudar a entrenar el equipo de su hijo. "Soy solamente entrenador asistente", dice riéndose. "Realmente no sé lo que hago, pero es divertido estar ahí en los partidos de Tomás. Tengo ayuda suficiente en mi negocio, y no tengo que estar en la tienda todo el tiempo. No me estoy haciendo rico, pero realmente valoro mi libertad."

¿Recomendaría José este enfoque para otros padres solteros?

Piensa por un momento. "No lo sé", responde sinceramente. "Ha sido la elección correcta para mí, ¿pero y si no hubiera funcionado? Aquel primer año, no tuve mucho éxito. Fue en algún momento del tercer año cuando pude tener alguna ayuda, antes de que el negocio me estuviera apoyando a mí en realidad."

"Supongo que para mí, esa era la única elección que podía hacer. Yo soy el único padre que tiene Tomás, y voy a estar a su lado sin importar lo que tenga que hacer."

Regresar a las metas y sueños de su vida anterior

Julia regresó a la universidad, en la noche.

Una universidad cristiana en su área metropolitana ofrecía clases de fin de carrera para adultos. Dependiendo de la cantidad de créditos universitarios y de la experiencia que una persona tuviera, en la mayoría de los casos podía completarse el título en 15 meses.

"Cambió mi vida por completo", comparte ella.

De repente sola, con unos treinta años de edad, madre de tres niños en edad escolar, Julia quedó conmocionada por el divorcio y se preguntaba cómo podría sobrevivir. "Habíamos luchado económicamente durante todo nuestro matrimonio. Nunca parecíamos tener dinero suficiente. "Muchas de nuestras peleas eran por nuestros gastos y prioridades, y por dónde empleábamos el dinero. Yo le gritaba a Eli porque él gastaba mucho dinero 'saliendo con los chicos' todo el tiempo. Él me gritaba porque yo no era una compradora responsable, y porque gastaba demasiado dinero en cosas para la casa."

Cuando se produjo el divorcio, Julia no tenía idea de qué hacer. "Lo que me salvó fue mi grupo de MOPS (madres de preescolares)", explica. "Cuando mis hijos tenían esa edad, me impliqué en el programa del grupo en la iglesia. Aquellas mujeres se convirtieron en algunas de mis mejores amigas. Aunque no me quedé en el programa, la amistad permaneció, y hasta el día de hoy algunas de las muchachas del grupo son las mejores amigas que tengo en el mundo..."

Ella se sentó con algunas amigas y buscó su consejo. "Ellas me dijeron: 'Regresa a la escuela y termina tu carrera' —es como Julia recuerda la conversación—, y yo me senté allí pensando que no había modo en la tierra en que yo pudiera permitirme regresar a la escuela. ¿En qué estaban ellas pensando?"

Aun así, Julia recuerda decidir que al menos podría explorar esa opción. "Rellené un documento de respuesta en línea —nos dice—, y solo unos días después, recibí un gran paquete en el correo. Cuanto más leía sobre regresar a las clases y finalizar mi carrera, más me emocionaba por intentar hacerlo."

Irónicamente, o quizá obviamente, el divorcio le ayudó a estar calificada para la ayuda económica que hizo posible su educación.

"Yo era como la niña que sale en el póster para recibir ayuda económica", se ríe. "Tenía tres hijos y casi ningún ingreso. Cuanto más miraban ellos mi solicitud, más maneras encontraban de que yo estuviera calificada para recibir la ayuda. Así que me dieron una subvención, y descuentos, y una beca que era especial para madres solteras. Cuando las personas que me dieron la ayuda terminaron de hacer sus milagros, en realidad pude permitirme terminar mi educación. Yo estaba asombrada. Quiero decir, que nunca habría pensado que pudiera permitirme una educación universitaria, en especial con tres hijos de los que ocuparme. ¡Sencillamente no podía creerlo!"

Durante los quince meses siguientes, las amigas del grupo de MOPS de Julia la ayudaron a cuidar de sus hijos durante las clases nocturnas. "Establecimos un sistema de trueque", explica sonriendo. "Yo cuidaba de sus hijos cuando podía, normalmente durante el día, y ellas entonces cuidaban de los míos durante las noches en que yo tenía clases. De alguna manera, Dios hizo que funcionara de modo que mis hijos siempre tenían un lugar donde estar mientras yo estaba en la universidad, tomando mis clases."

Menos de dos años después de llenar el documento de respuesta en línea, Julia se graduó junto con otros cien adultos más aproximadamente, muchos de ellos también divorciados.

Julia sonríe cuando lo recuerda. "No debería decir esto, pero tuve citas con dos de los hombres de mis clases", dice tímidamente. "Sinceramente, yo iba allí solo para terminar mi educación; pero cuando entré en mis clases, descubrí que muchos de nosotros éramos divorciados, los hombres y también las mujeres. Así que mis clases se convirtieron de algún modo en mi vida social también."

Mientras tanto, se graduó con un título en Comercio. "Antes ya había tomado clases de comercio, hacía mucho tiempo. Sencillamente parecía la mejor opción para lo que yo quería hacer."

¿Ha abierto puertas ese título para un mejor empleo?

"Yo creo que las abrirá", observa Julia. "Hasta ahora, he mantenido mi actual trabajo, que es trabajar como EA (ayudante educativo) en una escuela primaria cercana. Es un trabajo estupendo, está cerca de mi casa, y me gusta el horario, así que lo he mantenido. Pero en este momento se habla mucho de cortar los fondos para las escuelas, lo cual puede significar menos trabajo para los EA, o que no haya nada de trabajo. Por lo tanto, puede que esté a punto de descubrir lo que mi título en Comercio hará en el mundo laboral."

¿No fue el encontrar un buen trabajo el principal propósito de terminar su carrera?

"En cierto sentido", admite, "pero no totalmente." "Realmente lo hice, como dije, porque todas mis amigas pensaban que debería hacerlo. Pero entonces, tal como Dios obró para que pudiera permitirme la escuela, y cuando comencé a tomar las clases, lo que sucedió fue que comencé a sentirme mucho mejor conmigo misma, y con mucha más confianza. Y cuando pasé por esa etapa y conseguí mi título, no hay nada en el mundo que haya sentido tan ¡estupendo! De manera extraña, casi me sentí mejor que el día de mi boda. Quiero decir que esto era algo que yo estaba logrando; era lograr una meta en mi vida."

"Y aún sigo saliendo con uno de los hombres de mi clase", sonríe. "Ninguno de los dos tenemos prisa por nada, pero nos gustamos de verdad. De hecho, él me ha dicho 'la palabra con A' (amor) recientemente. Así que quizá mientras terminaba mi carrera, también estuviera encontrando a mi próximo esposo. ¿Quién sabe?"

Un regreso a las clases es una experiencia compartida por muchas personas divorciadas, tanto hombres como mujeres, que se encuentran a sí mismas afrontando dificultades inesperadas y a la vez descubriendo que esos obstáculos son también oportunidades para un nuevo crecimiento en sus vidas.

"Todas mis amigas del grupo de MOPS asistieron a mi graduación —dice Julia, resplandeciendo mientras relata su historia—, y me dieron gritos de ánimo cuando caminaba hacia aquella plataforma. Tengo que decir que aquel fue uno de los mejores días de toda mi vida."

El éxito —en cualquier ámbito— es una manera estupenda de tratar con el divorcio.

SEGUNDA PARTE

Educar solos:
Juntos y para siempre

Capítulo Cuatro

Perder un compañero, pero ganar el respeto de sus hijos

Aprender a tener éxito como el principal cuidador para sus hijos

La simple realidad es esta: ningún padre es perfecto.
Cometerá usted errores mientras educa a sus hijos.
Aprenderá y crecerá por esos errores,
y ellos también.

Como madre de tres hijos pequeños, Karen se sentía completamente abrumada. No importaba lo mucho que lo intentara, no importaba cuánta energía empleara, simplemente no podía mantener el ritmo del desafío diario de cuidar de ellos. Esperaba con gran anticipación que llegaran las 5:30 de la tarde, la hora en que Daniel llegara a casa del trabajo cada día. Finalmente, ¡alguien más estaba por allí para ayudar con los niños!

Entonces, un día, Daniel no regresó a casa.

Era viernes, el comienzo de un fin de semana, y él no entró por la puerta a las 5:30, como era normal. A las 7:00 él aún no estaba en casa. A veces, se ausentaba por unas horas, quedándose hasta tarde en la noche sin dar explicaciones. Karen se había ajustado a eso, razonando que "los hombres necesitan su espacio" y que ese tiempo ausente era bueno para él.

El sábado en la mañana Karen estaba preocupada. ¿Habría habido un accidente de auto? ¿Habría estado Daniel bebiendo otra vez? Él dijo que había dejado la bebida cuando se casaron; por lo que ella sabía, eso era la verdad.

Pasó aquella tarde, y luego la noche, y Karen no durmió mucho aquella noche; cuando llegó el domingo ella tenía pánico. Seguramente, si su esposo había tenido un accidente de regreso a casa, ¿no le habría llamado ya alguien?

El lunes, muy preocupada y con la adrenalina recorriendo su cuerpo, Karen metió a sus tres hijos en su viejo Ford Escort y condujo hasta el lugar de trabajo de Daniel. Allí estaba él, en su puesto de trabajo, trabajando como si nada inusual hubiera sucedido.

Cuando Karen se aproximó, él dijo: "No puedo hablar ahora; te llamaré después del trabajo, ¿está bien?".

¿Qué él la llamaría? ¿Por qué no hablar cuando regresara a casa?

Fue entonces cuando Karen comenzó a comprender por primera vez lo que le estaba sucediendo: Daniel no regresaría a casa; aquella noche no, y nunca más. Él la abandonaba.

Su partida hizo añicos la seguridad de su mundo interior. Durante semanas después de que su esposo se fuera, ella dormía muy mal, dando vueltas y vueltas, incapaz de descansar. Cuando llegaba a dormirse, las pesadillas inundaban sus sueños. Se despertaba bañada en sudor frío.

Cuando su divorcio fue definitivo, Karen vivía en un constante estado de pánico. No sabía cómo iba a sobrevivir económicamente. No sabía qué podía hacer para ganarse la vida o dónde buscar un empleo. Pero sobre todo, estaba preocupada por su nuevo papel como madre soltera. ¿Cómo podría ella posiblemente tener éxito como madre soltera, educando ella sola a tres hijos?

Bienvenido a la inseguridad: el mundo de un padre soltero

Uno de los mayores temores que afronta una persona casada es este: algún día, su pareja encontrará a otra persona. Su pareja le abandonará y se irá con esa otra persona, dejándolo solo para afrontar los desafíos de la vida.

Para muchas personas divorciadas, ese exacto temor ya se ha hecho realidad. De una manera u otra, ellos han sido abandonados por alguien a quien amaban. Su matrimonio ha terminado, sus sueños se han hecho añicos, y su mundo es ahora un lugar de dolor, quebrantamiento y sufrimiento. Están viviendo una pesadilla, esperando despertar y descubrir que, de algún modo, todo fue un mal sueño, que no está sucediendo en realidad.

Sin embargo, los padres solteros tienen otro temor, y quizá uno mayor.

Angelina le dio voz de inmediato, cuando planteamos la cuestión. En la parte frontal de una habitación llena de unos 30 padres solteros, comenzamos con una pregunta que utilizamos con frecuencia: ¿Cuál es su peor temor como madre o padre soltero? ¿Qué es aquello que más teme?

Angelina ni siquiera levantó su mano. Expresando lo que muchos ya sentían, exclamó: "¡Yo tengo temor a estropear a mis hijos!."

Las cabezas asintieron por toda la habitación.

> En particular, para el cónyuge que ha sido "dejado atrás", puede que su autoconfianza quede destruida por mucho tiempo...
> Tiende a ser más notable cuando una madre o padre soltero lucha por obtener un control y un manejo eficaz de sus hijos.

"Ese es también mi mayor temor", dijo un padre divorciado desde la parte de atrás.

"Yo tengo temor a haber estropeado ya a los míos", suspiró una madre soltera, tapándose la cara con sus manos.

"Ellos están fuera de control, y yo también", fue otra respuesta ese día.

Así que ahora es usted un padre soltero: Bienvenido a la inseguridad.

Si hay un tema que preocupe a los padres solteros más que cualquier otra cosa, es sus deficiencias e incapacidades como padres. Se preocupan más acerca de cómo resultarán sus hijos que lo que les preocupan sus propias citas amorosas y relaciones, sus finanzas o cualquier otro aspecto crítico de estar solos.

Vez tras vez, grupo tras grupo, esta respuesta es cierta. A los padres solteros les preocupa su incapacidad para proporcionar la disciplina, la estructura, y la educación eficaz que sus hijos necesitarán para crecer y madurar. Tienen temor, tal como lo expresó Angelina, a que de algún modo estén "estropeando a sus hijos."

Los padres solteros se preguntan cómo educarán a una hija. ¿Qué saben ellos sobre educar a una muchacha adolescente, especialmente una que esté comenzando su ciclo menstrual o comenzando a desarrollarse como mujer? Estos son temas que los padres solteros ni siquiera quieren pensar, y mucho menos explicar a una muchacha que está creciendo.

Las madres solteras expresan frustración de que sus hijos sean todo energía, y nada de cerebro. ¿Por qué hay que repetir las mismas lecciones una y otra vez, y aun así los muchachos en la casa no escuchan y no aprenden? Si solamente hubiera un hombre en la casa, una madre soltera tiende a pensar, entonces quizá sus hijos prestaran atención y se comportaran.

La pérdida de una relación de matrimonio con frecuencia da como resultado una pérdida de confianza para una o ambas partes. Particularmente para el cónyuge que ha sido "dejado atrás", puede que su autoconfianza quede destruida por mucho tiempo... Tiende a ser más notable cuando una madre o padre soltero lucha por obtener un control y un manejo eficaz de sus hijos.

Lo que es difícil de manejar con ambos padres en la casa a menudo parece totalmente imposible de lograr con solo uno de los padres en la casa. A medida que luchan por obtener algún tipo de control sobre la conducta de sus hijos, los padres solteros tienden a caer en una de dos trampas relacionadas con proporcionar disciplina.

Control excesivo:
el mayor estrés de una madre soltera

Karen, devastada por la pérdida de su esposo, Daniel, rápidamente cayó en la trampa del control excesivo. Sin darse cuenta, sentía que había perdido control de su matrimonio y de su principal relación. Inconscientemente, trató de obtener el control de las relaciones más significativas que le quedaron: su papel como madre para sus hijos.

"Les gritaba a los niños todo el tiempo", es como recuerda ella los días y semanas después de que su esposo se fuera. "Sé que los gritaba cuando Daniel estaba allí, pero después de que él nos dejara parecía que lo único que yo hacía era gritar. Día tras día, casi me quedé sin voz gritándoles a esos niños, ¡tratando de hacer que se calmaran y se comportaran!"

Ella supuso, no sin razón, que los niños estaban actuando como respuesta a ser abandonados por su padre. Aunque hay algo de verdad en esta explicación, es también verdad que la conducta de los niños puede remontarse hasta el repentino intento de su madre de manejar estrechamente cada aspecto de la vida en el hogar.

"Yo era dura con ellos de inmediato", dice Karen, recordando sus actos en los días siguientes a la partida de Daniel. "Recuerdo que les dije que ahora que su papá se había ido, ellos tendrían que comportarse lo mejor posible. Cosas que antes yo habría dejado pasar, cosas que no me habrían preocupado o que no les habría dicho... de repente les gritaba todo el tiempo. Me convertí en el tipo de madre que no puedo soportar ver o con quien estar; la madre que siempre está gritando a todo pulmón, ¡mientras nada cambia!"

Cuanto más frustrada estaba ella, más reglas trataba de imponer. A medida que su vida parecía descontrolarse, ella reaccionaba tratando de "tomar fuertes medidas" contra la energía natural y la constante actividad de sus hijos. Y como cualquier madre soltera podrá decirle, "tomar fuertes medidas" contra la emergente testosterona es difícil, si no completamente imposible.

En el caso de Karen, las cosas fueron de mal en peor. "Cuanto más les gritaba, peor se portaban ellos. Así que finalmente comprendí que gritar no funcionaba, pero entonces no sabía qué otra cosa hacer. Si mi enojo y mi fuerza no los detenían, ¿qué lo haría?"

Antes de echar un vistazo a la respuesta a esa pregunta, consideremos la otra trampa en la que los padres solteros tienden a caer: lo contrario del control excesivo.

Ser un amigo en lugar de un padre

Jennifer perdió a su esposo y su mejor amigo cuando Luis la abandonó. Al igual que muchas otras esposas que afrontan un repentino divorcio, ella no se había preparado para la posibilidad de terminar sola. Era una opción que nunca había considerado.

"El matrimonio es para siempre", explica ella. "Nosotros habíamos hecho un compromiso con Dios, el uno con el otro, y con nuestras familias. Ofrecimos nuestras vidas para siempre."

Para siempre, en el caso de Luis y Jennifer, duró un poco más de ocho años. Un día, Luis parecía ser un esposo y padre normal. Al otro día, estaba preparando un apartamento de soltero al otro lado de la ciudad, completo con una gran pantalla de televisión, una nevera totalmente llena, y un costoso sistema de sonido.

Jennifer no podía creer lo que estaba sucediendo. "¡Él gastó mucho dinero en ese lugar!", exclama. "No sé de dónde sacó todo ese dinero en efectivo. Quizá hubiera estado ahorrando por mucho tiempo antes de mudarse, sabiendo que estaba planeando hacerlo. Quizá se metiera en grandes deudas al comprar todos esos juguetes. No lo sé. Pero, vaya, ¡puso un piso de soltero que se parecía a algo que se vería en una revista!"

Aun antes de que los detalles del acuerdo de divorcio fueran negociados, ella se encontró compartiendo la custodia de los hijos con su ex pareja. Típicamente, ella tenía a los niños durante la semana, y luego ellos visitaban a su papá desde el viernes en la noche hasta el sábado en la noche o el domingo en la mañana.

Los niños, de edades de cuatro, cinco, y siete años, se movían entre dos mundos: una vida de reglas, límites y pobreza en casa de su mamá, y fines de semana sin parar de increíbles vídeos, pizza y helados en casa de su papá.

¿Cómo podía Jennifer competir con todo aquello? Sentía como si estuviera perdiendo el afecto y el respeto de sus hijos, así que reaccionó de la manera en que muchos padres solteros tienden a responder. Ella relajó la disciplina y el control, y trató de convertirse en una amigable, joven y "divertida" presencia en las vidas de sus hijos.

Sus esfuerzos fallaron, al menos a juzgar por la conducta de sus hijos.

"No podía controlarlos en absoluto", admite Jennifer. "Yo trataba de poner límites y reglas para obtener un sentido de orden, pero nada funcionaba. Si intentaba ponerme firme, oía un coro que decía: 'Pero mamá...', y yo perdía mi firmeza."

Ella tratara de darles a sus hijos un mayor sentimiento de libertad y diversión en su casa, ya que la "oposición" —su ex esposo— aparentemente les proporcionaba cantidades ilimitadas de libertad y diversión en casa de él. Desde luego, es más sencillo proporcionar libertad y diversión durante 24 horas un fin de semana que durante los otros seis días de la semana.

Jennifer intentaba competir, pero no podía. "Su papá no les ponía ninguna regla —mantiene—, y yo no quería llegar a ese extremo, pero ciertamente me relajé para no ser la que disciplinaba. Tenía temor de que si me ponía demasiado firme, mis hijos prefirieran a su papá."

"En medio de todo eso, yo seguía estando enojada y frustrada. No entendía lo que me estaba sucediendo, ni por qué. Estaba furiosa con Dios. Por tanto, lo único a que quería aferrarme, lo único que no quería arriesgarme a perder, era el amor y el afecto de mis hijos. Ellos eran lo único que yo tenía; ¡no podría haber soportado que ellos me rechazaran!"

El enfoque de Jennifer —tratar de ser más "divertida" como madre, tratar de ser una "amiga" en lugar de ser una figura de autoridad— con frecuencia lo adopta el padre que no tiene la custodia. Sin embargo, los padres con la custodia, cada vez más cansados de batallas con los únicos amigos que parece que les quedan, terminan cediendo y permitiendo la mala conducta, aferrándose a la "amistad" a fin de no arriesgarse a ser emocionalmente abandonados por sus hijos. Es un riesgo que sencillamente no están dispuestos a asumir.

¿El resultado? Los hijos pierden su respeto por los padres que son así.

Cuando una madre o un padre dejan de poner límites y cumplirlos, los hijos están cada vez más confusos, enojados, molestos y rebeldes. En especial cuando se acercan o llegan a la adolescencia, seguirán poniendo a prueba los límites, asumiendo riesgos más audaces, esperando —al menos inconscientemente— descubrir a una madre o padre que se preocupe lo bastante para trazar líneas, levantar barreras y hacer cumplir los límites.

Veremos asuntos relacionados con la educación compartida en el siguiente capítulo. Mientras tanto, ¿y si es usted un padre que tiene la custodia principal de sus hijos? ¿Cómo puede obtener el respeto y la cooperación de sus hijos a la vez que batalla por manejar la nueva realidad de un padre que no está?

Al haber considerado los diversos enfoques que *no* funcionan, pongamos ahora nuestra atención en algunas de las características de la disciplina eficaz, sacadas de la teoría educativa, del consejo piadoso, y de la experiencia personal de literalmente cientos de padres solteros que han transitado ese camino antes que nosotros.

Cinco características de una eficaz disciplina de los padres

Establecer límites

Su principal tarea como padre, en particular si está educando a sus hijos solo, es la de *establecer límites* para sus hijos. Debería hacerlo con tanta claridad como pueda, y de maneras que sean apropiadas para la edad de cada hijo. El que sus hijos repitan lo que oyen es una manera de asegurarse de que se está comunicando. Deje que sus hijos repitan las reglas que usted les pone, y escúchelos.

¿Quiere usted que sus cuartos estén limpios? Si es así, ¿cuándo limpiar, y con qué frecuencia? ¿Qué quiere decir usted exactamente con "limpio"? Sea concreto. Si quiere ver la alfombra que está en el piso del cuarto de su hijo adolescente (hablaremos más sobre los adolescentes posteriormente), entonces diga claramente que "limpio" significa que no haya nada esparcido por el piso, a la vista.

¿Quiere que su hijo pequeño ponga todos sus juguetes en la caja para juguetes, o quizá en el armario, al final del día? Diga esa regla de modo claro y sencillo. Señale con el dedo la dirección de la caja de los juguetes o del armario; añada un ritual nocturno (hablaremos más sobre esto en la siguiente sección) durante el cual usted inspeccione el cuarto, buscando juguetes que no estén en su lugar.

¿Quiere que terminen de hacer sus tareas escolares antes de que otras actividades, como jugar con el Game Boy, puedan comenzar? Si es así, aclare mucho esa regla. Además, asegúrese de tener usted la custodia del juego a fin de que, después de inspeccionar la tarea para asegurarse de que esté terminada, pueda usted darles el cartucho del juego o el módulo de control a los niños que hayan terminado de estudiar.

¿Quiere tener reglas acerca de cómo cuidar la ropa? Asegúrese de que sean adecuadas para sus edades (los niños pequeños normalmente no son unos locos por la limpieza, ¡aunque es interesante criar a las pocas excepciones que sí lo son!). Si quiere usted que cierta ropa esté colgada en perchas, dígalo, señalando las perchas y dónde deberían colgarse.

¿Tienen sus hijos tareas que realizar y que se espera que terminen? Si es así, ¿quiere usted que esas tareas las hagan en un horario regular durante el día o la semana, o simplemente quiere que estén terminadas en un día concreto? Una vez más, sea simple, directo y claro. Establezca límites con las que se sienta cómodo, y exprésalos con simplicidad y claridad, haciendo que sus hijos las repitan.

Revisar límites

Después, su tarea como madre o padre es la de *revisar los límites* y observar, de manera oportuna e inmediata, si sus reglas las están ignorando o quebrantando. Si tiene usted la regla de no jugar con la Game Boy antes de hacer las tareas escolares, por ejemplo, no es adecuado pasar por el cuarto de su hijo, detenerse en la puerta, y preguntarle a su hijo, que ya está jugando, si ha terminado su tarea.

Lo más probable es que su respuesta sea: "Sí, ¡claro, mamá!." Hasta existe la posibilidad de que esté diciendo la verdad, pero probablemente no será así.

Sin embargo, si usted inspecciona físicamente la tarea, la repasa con él o ella, y quizá revise los ejercicios de matemáticas (no lleve demasiado lejos sus capacidades de enseñanza, a menos que esté usted dotado), entonces está usted estableciendo el hecho de que no sólo *tiene* límites, sino que también las *revisa*.

No tiene caso alguno tener establecidos límites y reglas a menos que sean comprobados mediante una revisión oportuna y coherente. Por ejemplo, ¿quiere que los cuartos de todos estén limpios, una vez por semana, a cierta hora? Si es así, puede estar seguro de que la mayoría de sus hijos "limpiarán" sus cuartos aproximadamente diez minutos antes de que llegue esa hora. Si utiliza la regla de tener limpios los cuartos una vez por semana, comience el hábito de inspeccionar los cuartos aproximadamente una hora antes del límite (dependiendo de las edades de los niños).

"Vaya, Julia, ¡mira qué hora es! ¡Ya son las tres del sábado! Eso significa que mamá regresará en una hora, cuando sean las cuatro, para inspeccionar tu cuarto. ¡Mira lo que aún queda por hacer! Veo ropa por el piso, juguetes encima de tu cama, ¡y un verdadero desastre al lado de la puerta! Tienes una hora para que este cuarto se vea bien, cariño."

Puede usted esperar un: "¡Oh, mamá!" o un "¡Ya lo sé, mamá!" como respuesta, probablemente con una queja o un intento de negociar. Pero a pesar de cuál sea la respuesta que reciba, está usted enviando una señal clara. El cuarto se inspeccionará ahora —usted observa y dice que no ha pasado la inspección— y que sólo queda una hora, y que es mejor que en ese momento el cuarto esté ya listo.

Cuando regrese usted en una hora, el trabajo duro ya se habrá hecho. Usted ya habrá mencionado la regla, ejecutado la regla, y preinspeccionado el cuarto con comentarios acerca de dónde se necesita trabajar. Ahora lo único que resta es volver a las cuatro y encontrar un cuarto limpio y ordenado. ¡Y sus probabilidades de encontrar realmente un cuarto limpio habrán aumentado mucho!

Hacer cumplir los límites

Su tercer paso es el de *hacer cumplir los límites*.

Muchos padres solteros tienen al menos a un hijo sumiso (gracias a Dios), con quien es suficiente completar solamente las anteriores etapas primera y segunda. Sin embargo, para cualquier padre que tenga varios hijos, la etapa del cumplimiento no sólo será necesaria, sino también una característica regular de su tiempo de educación. Acostúmbrese a hacer cumplir los límites: lo estará haciendo muchas veces.

A pesar de ello, la buena noticia es esta: cuanto más claro, coherente y decidido sea usted, más eficazmente moldeará el entendimiento de sus hijos en cuanto a lo que se espera de ellos. Cuando los límites no cambian, cuando la comprobación no se relaja, y cuando se produce el cumplimiento regularmente, los niños comienzan a aprender. Su curva de aprendizaje mejora inmensamente cuando los límites están claramente establecidas, son comprobados y cumplidos.

Los enfoques del cumplimiento varían según las opiniones de los padres, la edad del niño y el temperamento general del niño. Muchos padres dicen tener al menos un hijo para el cual el cumplimiento es tan sencillo como "poner una cara larga" o ser firme y brusco durante una reprimenda verbal. Particularmente con niños pequeños, a veces es adecuado cumplir una regla indicando con claridad que está usted molesto y no satisfecho. Algunos padres dicen que hacer eso produce sumisión (aunque tardía).

Sin embargo, si escoge usted este enfoque, esté preparado para que su hijo trate de "encantarlo" para que cambie su "mal humor" percibido, en lugar de someterse a la regla o mantenerse dentro del límite. Por eso, una consecuencia que parezca arraigada en la emoción puede que no sea eficaz con muchos niños. Las emociones varían; los niños aprenden a manipular a los padres de la misma manera retirando o expresando afecto.

Consecuencias útiles, ajustadas a la edad del niño de maneras adecuadas, incluyen el retirarles privilegios o recompensas. Si las tareas no son terminadas cuando llega el momento, entonces puede que no se les dé su paga semanal. Si el cuarto no está limpio cuando llega el momento, entonces no tendrán tiempo para ver la televisión o para jugar en la computadora durante el resto de la tarde; ni siquiera si el cuarto de repente se convierte en una prioridad y el niño de repente comienza a limpiarlo.

Un niño que aprende que puede evitar el cumplimiento haciendo sus tareas *después* del tiempo límite... acaba de mover ese tiempo límite. Lo sepa o no, ese niño acaba de perder cierta medida de respeto por usted como su padre. Aunque usted estableció un límite y lo comprobó, lo quebrantó en el punto del cumplimiento. Su hijo —aun a una edad muy temprana— reconoce eso como lo que es: una señal de debilidad o indecisión por parte de usted. Puede esperar que casi cada niño, en casi cada ocasión, inmediatamente explote cualquier debilidad o indecisión que usted revele.

Los padres débiles o indecisos producen hijos que creen que el mundo gira en torno a ellos, se ajusta automáticamente a ellos, y cambia sus reglas basándose en su propia conducta u opiniones. Los padres claros, coherentes y eficaces producen hijos que entienden el concepto de las reglas, límites, consecuencias y buena conducta. Si estuviera usted atrapado en una isla desierta con niños, ¿qué categoría de niños le gustaría escoger?

Naturalmente, algunos padres solteros plantean preguntas acerca de negociar con sus hijos. Si es usted un padre muy verbal que disfruta del dar y tomar de la negociación de cada regla y límite con su hijo, entonces vaya adelante y disfrute. Sin embargo, siempre es mejor negociar durante el primer paso —establecer los límites— en lugar de hacerlo en pasos posteriores, como comprobar o cumplir.

Cuando esté usted preparado para cumplir una regla que haya sido claramente establecida y coherentemente comprobada, no es el momento de comenzar negociaciones acerca de si habrá o no consecuencias, o cuáles serán las consecuencias. Dicho de modo sencillo, ¡es demasiado tarde para eso! Sus hijos deberían saber que la negociación en el punto del cumplimiento es una idea sin éxito. No funcionará: ni la primera vez, ni la segunda vez, ni la siguiente. En el punto del cumplimiento, es demasiado tarde para tratar de convencer a mamá para que haya una regla o consecuencia más débil o menor.

En general, no recomendamos la negociación como una estrategia eficaz para los padres solteros. Habiendo dicho eso, si quiere usted educar a un brillante abogado o juez, o quizá al próximo presidente de su país, siga adelante y negocie con su hijo acerca de cada regla y cada límite. Quizá su hijo crecerá para convertirse en un diestro diplomático, un mediador federal, o un miembro del Congreso.

De otro modo, evite la negociación a favor de los límites que están claros y las reglas que son sencillas de entender. Sea su propio árbitro de "justicia"; ¡no es una coincidencia que sea usted el adulto de la casa! Con límites claramente entendidos en su lugar, salga y compruebe la sumisión, y asegúrese que sus hijos le vean haciendo la comprobación.

La difícil tarea del cumplimiento se hace mucho más fácil cuando usted ha seguido de modo claro y coherente los dos primeros pasos de comunicar las reglas y comprobar los límites. Con algunos niños, será suficiente con comunicar y comprobar. Con la mayoría de los niños, tendrá que completar todos los pasos: comunicar, comprobar, cumplir. Pero cada vez que cumpla, como padre estará haciendo que su rol sea más simple y fácil en el futuro.

Repetición

Esto nos lleva a la cuarta característica de la disciplina eficaz: la *repetición*.

La mayoría de los niños, y muchos de nosotros como adultos, aprendemos mediante la repetición. ¿Cómo domina usted una nueva capacidad en la computadora o un nuevo programa que acaba de comprar o instalar? Hace días, pudo usted haber leído un manual de instrucciones. En el presente, aprenderá mediante el uso del programa: repitiendo las tareas para las cuales usa usted el programa.

Está usted repitiendo un ciclo que les enseña a
sus hijos lo que se espera de ellos.
A un profundo nivel psicológico, eso es
reconfortante y tranquilizador para ellos.

Cuanto más abra un archivo en Microsoft Publisher, mejor entenderá cómo usar el programa. Cuanto más cargue una fotografía digital de su cámara de fotos a un álbum en la red, menos tiempo tardará en completar los pasos. Al igual que sus hijos, usted también tiende a aprender mediante la repetición.

¿Sigue sin estar convencido? Si tiene usted más de 40 años, ¿puede cantar la mayor parte o toda la canción de *Gilligan's Island*? Si tiene unos veinte años, ¿puede nombrar a alguien de la serie *Friends* (no sólo los nombres de los personajes, sino también los nombres de los actores)?

Usted tiene la capacidad, y otras capacidades como esas, porque aprende mediante la repetición. Sus hijos aprenden del mismo modo. A medida que repite usted sus límites, cuando comprueba las reglas para asegurarse de que se siguen, cuando cumple algunas consecuencias adecuadas a la edad si se quebrantan esas reglas, está usted repitiendo un ciclo que les enseña a sus hijos lo que se espera de ellos. A un profundo nivel psicológico, eso es reconfortante y tranquilizador para ellos. Les ayuda a entender su lugar correcto en el sistema familiar y en la casa.

Sus hijos serán, y se convertirán, en el tipo de niños con los que otros adultos se sienten cómodos. Maestros, obreros de la escuela dominical, consejeros en campamentos y otros le estarán agradecidos. Más adelante en la vida, patrones y cónyuges también le estarán agradecidos. Usted habrá hecho un excelente trabajo de educar hijos que se comportan de modo responsable y apropiado.

Expresar amor

Finalmente, asegúrese de *expresar su amor* a sus hijos. Expresiones de afecto y de amor incondicional deberían acompañar cada etapa del proceso de disciplina, desde el establecer límites hasta el ciclo del cumplimiento.

Los padres solteros eficaces establecen límites precisamente porque aman a sus hijos. La saludable disciplina de los hijos incluye la comprobación de las reglas como manera de mostrar a los niños que alguien se interesa por ellos y por su conducta. La etapa de cumplimiento se produce también como un acto de amor: alguien se preocupa tanto por el niño que está dispuesto a cumplir consecuencias como modo de ayudar al niño a aprender, madurar y crecer.

Después de cumplir una consecuencia, en particular con niños pequeños, puede ser útil volver a afirmar su amor, añadiendo también al mismo tiempo que espera usted un cambio en su conducta en el futuro. Hacer eso aclara que usted no está planeando alejarse de sus hijos o irse porque está enojado. Por el contrario, como padre amoroso, está planeando permanecer implicado, seguir comprobando, y corrigiéndoles tantas veces como sea necesario: porque se interesa lo bastante para seguir ayudándoles.

Seamos sinceros: es mucho más fácil en el momento pasar por alto la mala conducta que corregirla. Sin embargo, pasar por alto las capacidades sociales de su hijos, sus modales o elecciones no es un acto de amor sino más bien la ausencia de amor. ¿Ama usted lo suficiente a sus hijos para interesarse por ellos durante todo el proceso del ciclo de la disciplina eficaz? Es necesario un amor grande y generoso para emplear la energía física y emocional que agotará usted mientras establece los límites, comprueba la sumisión, y cumple las consecuencias.

El amor comunica, el amor comprueba, y el amor responde con consecuencias.

Cinco características de una disciplina ineficaz de los padres

Ahora que hemos explorado el lado positivo de una disciplina saludable y eficaz para los padres solteros, veamos brevemente las características de la disciplina negativa que con frecuencia se desarrolla cuando solamente uno de los padres está educando activamente a los hijos.

La crítica

La primera entre estas es la *crítica*. Muchas madres solteras se describen a sí mismas seguidoras del "método de la crítica." Emplean grandes cantidades de tiempo hablando a sus hijos, normalmente acerca de las mismas cosas con el mismo hijo.

"Constantemente, le digo a Daniel que ponga su ropa interior sucia en la cesta", dice una ocupada madre soltera. "Él es el único varón en esta casa, y al resto de nosotros no nos gusta encontrar su ropa interior sucia por el piso o dondequiera que se le ocurra dejarla, ¡a veces en el baño!"

Otra mamá soltera relata ejemplos similares. "José deja fuera los cereales. Cada mañana, saca la caja de los cereales del armario de la cocina, se sirve un tazón y a veces dos, y luego se apresura para prepararse para la escuela. Deja la caja de cereales abierta sobre la barra. Le digo una y otra vez que no haga eso, ¡pero lo sigue haciendo!"

La frustración de esta madre es visible. Las situaciones varían —ropa interior sucia, cereales abandonados—, pero los temas son coherentes. Cada una de esas madres está utilizando un método ineficaz de educar: criticar al mismo niño por lo mismo, una vez tras otra. ¿Cómo sabemos que este método es ineficaz?

Es sencillo: la ropa interior sucia sigue en el piso.

La crítica implica *hablar* sobre límites en lugar de *establecerlos*. La crítica se trata de desear que hubiera límites, pero constantemente observar que, en la práctica real, no existe ninguna.

La crítica es básicamente una forma de quejarse. Puede que a los niños no les guste oír quejar, pero se acostumbran a ellas. Después de todo, quejarse no significa nada porque no se han establecido límites, no se han comprobado ni cumplido. Después de un tiempo, las críticas de mamá se convierten sólo en "ruido de fondo" a la vez que el niño sigue adelante. Mamá está básicamente formando a sus hijos para que la "desconecten" y la ignoren.

La gritería

Cuando falla la crítica, el siguiente paso normalmente implica *gritería*.

Gritar es una forma de crítica hecha a volumen más alto, con la falsa esperanza de que ahora —porque el sonido es más alto— los niños prestarán atención a la queja del afligido padre.

Este hecho explica en parte la popularidad del omnipresente iPod. No es de extrañar que los niños vayan con auriculares en sus oídos o hablan por el teléfono celular todo el tiempo. La atmósfera en sus hogares está siendo contaminada por ruido. Alguien les está volviendo a gritar. *Vaya —esto es desagradable—, pero puedo ponerme los auriculares y escuchar algunas canciones.*

Pocos intentos de disciplinar causan una mayor pérdida de respeto hacia el padre que grita. Cuando un padre añade un volumen más elevado y emociones enojadas a la queja, el niño comprende lo que todos los demás pueden ver claramente: el padre "lo está perdiendo." Eso significa, entre otras cosas, perder la batalla del control eficaz de la casa. Un padre que recurre a los gritos está más o menos diciendo a todos, en un volumen muy elevado: "¡Miren todos! ¡Soy un completo fracaso en esto!."

Puede que esto suene triste, pero la mayoría de los niños no comienzan a someterse a las reglas por lástima o compasión por el padre que fracasa. Por el contrario, escogen alejarse más a cualquier forma de escape que esté disponible para ellos. ¿Quién quiere pasar ningún rato con "el viejo gritón"?

La amenaza

Cuando los gritos fracasan, como sucede normalmente, el siguiente paso no saludable tiende a ser el castigo de las –amenazas–. Los padres solteros ineficaces frecuentemente amenazan a sus hijos con funestas consecuencias y desastrosos tipos de castigo; pero cuando el niño enseguida comprende y todos los demás pueden ver claramente, ninguno de esos tristes resultados se producirá en ningún momento cercano.

"Si no dejas eso ahora mismo, ¡estás castigado!", puede que le grite un padre frustrado a un niño rebelde. ¿Pero castigado de qué? ¿Y por cuánto tiempo? ¿Y cuándo, exactamente, va a comenzar el castigo?

Las amenazas a la ligera, expresadas con enojo y frustración, no solamente fallan a la hora de obtener control y sumisión, sino que en realidad logran justamente lo contrario. Las amenazas funestas, que se gritan a un niño desde el asiento delantero de un auto lleno o desde una habitación de la casa a otra, le confirman al niño que —en realidad— nada malo en absoluto va a suceder. El niño meramente aprende que mamá está enojada en este momento. ¿Dónde está la sorpresa en eso? Cuando los padres de un niño se hayan divorciado, el niño está acostumbrado a ver a mamá, papá o ambos enojarse y seguir enojados. Desde el punto de vista del niño, el enojo puede que sea el estado emocional normal de uno o ambos padres.

Las amenazas expresadas con frustración hacen poco o nada para producir un cambio eficaz en la mala conducta. Cada vez que una amenaza vacía se grita desde la habitación, el niño simplemente aprende que el padre está de mal humor y que debería evitarlo durante un rato. Si es posible, el niño se retirará a otra habitación, hará otra actividad, o pasará a un mundo interior de sueños, fantasía e imaginación.

Más concretamente, las amenazas no comunican amor. Hay una inmensa diferencia entre un padre amoroso que con atención cumple una regla claramente definida, y un padre enojado que amenaza en voz alta y expresa inútiles ataques vocales.

La culpa

Por eso, muchos padres ineficaces pasan a la *culpa*.

Aunque el chivo expiatorio más común y obvio para la culpa es la ex pareja, cualquier fuente de culpa servirá. Obviamente, el hogar no funciona bien; por tanto, ¿de quién es la culpa?

El padre soltero que culpa acusa a su ex pareja de estar "arruinando a los niños", o a los niños mismos de estar "malcriados sin esperanza." Culpar se convierte así en otra manera de quejarse, cuando el padre ineficaz busca lástima y comprensión como respuesta a una evidente falta de control.

"Ella siempre ha sido de ese modo", dice una madre soltera acerca de su hija de cuatro años, Cintia, que en la escuela, en la iglesia y en el supermercado causa sonoros berrinches. "Ella ha sido una niña muy difícil desde que nació." En otras palabras, el padre que culpa afirma que el fallo no está en ninguna "mala educación" por mi parte; por el contrario, el fallo es de la niña: Cintia es simplemente uno de esos niños "difíciles" que son imposibles de manejar. O quizá su ex pareja simplemente haya "malcriado" a Cintia, y por eso ella es incontrolable.

Esta estrategia no engaña a nadie, a excepción quizá del padre que culpa. Lo que es evidente para abuelos, maestros, conductores de autobús y vecinos es simplemente esto: la madre de Cintia nunca ha aprendido a controlar a su hija.

El alejamiento

La etapa final de una educación ineficaz de los padres implica alguna forma o grado de *alejamiento*. Por eso, los restaurantes llenos de gente con frecuencia son el escenario de muestras teatrales de niños rebeldes. Los niños pequeños lloran a todo pulmón durante largos periodos de tiempo, por ninguna otra razón que mostrar su desagrado.

Otros niños corretean por los pasillos de restaurantes o en cines, hablando en voz alta o haciendo ruido. Mientras que todas las personas están molestas, mamá parece no darse cuenta. Eso se debe a que el padre soltero ineficaz, agotado de criticar, gritar, hacer amenazas y culpar a otros, ha decidido retirarse y renunciar.

En esencia, esa madre ha decidido ya no educar más. Aunque las consecuencias serán horribles, en especial para todos los demás que estén cerca de la madre que haya decidido que es más fácil no hacer nada (después de todo, gritar no funcionó) que aprender a obtener un control eficaz, constructivo y saludable de un niño que está creciendo. Los papás solteros hacen la misma elección, y a veces lo hacen antes.

La disciplina eficaz supone mucho trabajo. Es una inversión de tiempo y energía que parece interminable. En muchos casos, los primeros resultados son desalentadores. No deberíamos sorprendernos cuando nuestros hijos aprenden mediante ignorar los límites, quebrantar las reglas y acoger las consecuencias. Después de todo, nosotros los adultos tendemos a aprender de la misma manera: mediante la repetición. A medida que siga usted repitiendo buenas prácticas y saludables enfoques de la educación, avanzará en direcciones positivas, paso a paso. Educar es un viaje, no una llegada. Haga el viaje sabiamente.

Sellos de una disciplina saludable

Los siguientes son algunos rasgos identificadores de una educación eficaz:
1. **Establecer.** Usted establece límites claros, explicando las reglas a cada niño de maneras apropiadas para sus edades.
2. **Comprobar.** Usted comprueba coherentemente esos límites; observa si una regla se está probando o quebrantando.
3. **Cumplir.** Cuando sus reglas son desafiadas o ignoradas, usted cumple las consecuencias.
4. **Repetir.** La mayoría de los niños aprende mediante la repetición. Siga siendo claro y coherente; es su mejor esperanza de obtener control y mantenerlo.
5. **Amar.** Antes y después de que la consecuencia se cumpla, deje que su hijo sepa que él o ella es amado y valorado.

Sellos de una disciplina no saludable

Los siguientes son algunos rasgos identificadores de una educación ineficaz:
1. **Criticar.** Constantemente da usted las mismas instrucciones al mismo niño, una y otra vez.
2. **Gritar.** Usted expresa su enojo elevando su voz; pierde el control de sus emociones.
3. **Amenazar.** A menudo, repite usted una amenaza sobre lo que ocurrirá a menos que se le oiga y obedezca.
4. **Culpar.** Se queja usted de su situación, de lo difícil que es su vida o la poca ayuda que recibe de los demás, incluyendo a sus hijos y su ex pareja.
5. **Alejarse.** Incapaz de obtener sumisión, se retira usted de la situación, y decide no observar las conductas inaceptables.

SINGLE PARENTING SERIES
The Center for Marriage & Family Studies
Del Mar, California

Capítulo Cinco

La delicada danza de la educación conjunta

Reglas diferentes, lealtades divididas, conflicto potencial

*Cuando una pareja divorciada deja de pelear
el tiempo suficiente para pensar en los niños,
todos pueden beneficiarse. Algunas relaciones
entre personas divorciadas en realidad funcionan
de manera más suave que el matrimonio que las precedió.*

Después de que un divorcio sea definitivo, hay menos cosas por las que batallar de las que había durante el matrimonio. Ahora que usted y su ex pareja han establecido casas separadas, eso significa que cada uno de ustedes puede manejar y gastar dinero de la manera que escojan, poner el termostato a la temperatura que prefiera, y cambiar de canal en la televisión con su mando a distancia propio. ¿Le gustaría volver a pintar el baño de un color de tono púrpura? Pues adelante, es su decisión.

En esos aspectos, el divorcio puede ser liberador. Finalmente, no tiene usted que hacer lugar para los gustos, preferencias, hábitos y las excentricidades de otra persona adulta. Puede usted fingir que el anuncio de comida rápida es ahora su nuevo estilo de vida: usted puede tenerlo "¡a su manera!." Esto puede ser brevemente embriagador, en particular si ha intentado usted mucho, durante su matrimonio, servir y agradar el gusto y los caprichos de su cónyuge. Ahora, de repente, no hay nadie por allí para imponer sus preferencias o para oponerse a sus ideas sobre cómo debieran hacerse las cosas.

Sin embargo, aunque hay menos asuntos por los que batallar, puede que descubra que las peleas que sí se producen son más profundas, más intensas y más difíciles de resolver. Eso se debe a que en lugar de estar en desacuerdo por cosas triviales, ahora están en guerra por asuntos que puede que les importen mucho a uno de ustedes o los dos.

Por ejemplo, el modo en que serán educados sus hijos.

"Yo no pensaba que mi hijo debiera ver vídeos con clasificación R (menores acompañados de un adulto) con 11 años de edad", dice Sara, con bastante razonamiento. "No pensaba que debiéramos comprarle juegos violentos para su Xbox. Cosas que él podría ser capaz de solucionar y tratar más adelante, a los 19 años, eran demasiado tempranas para él a los 11 años, según mi punto de vista."

El ex esposo de Sara, Javier, lo veía de modo distinto. "¡Él es un chico!", Javier dijo, sin percibir ningún problema. "¡No es que él no pueda ver esas cosas todo el tiempo, de todos modos, en las casas de sus amigos y en la Internet!"

Para García, no había nada de qué preocuparse; él rentaba y veía vídeos con clasificación R y permitía a su hijo que también lo hiciera. Entre esos vídeos se incluía, tal como Sara supo más adelante, violencia, terror y películas con muchos degüellos que parecían centrarse en todo tipo de asesinato sangriento y gráfico: exactamente el tipo de imágenes visuales que ella no escogería para su hijo.

En la batalla por la mente y la imaginación de un muchacho que pronto llegará a la adolescencia, ella esperaba que el grupo de jóvenes de su iglesia, incluyendo al nuevo pastor de jóvenes que llevaba a los adolescentes a patinar y pintar, fuera un factor primordial para moldear a su hijo. Ella esperaba que vídeos como la serie de *El señor de los anillos* atrajera el interés de su hijo, llamándolo a valores como el honor, la lealtad y la valentía.

En cambio, mientras que ella hacía todo lo que podía para ser un ejemplo cristiano para un hijo a quien ella consideraba joven e impresionable, su ex esposo parecía no tener discreción en absoluto en lo que rentaba, veía o le enseñaba a su hijo.

"Eh, él ve todo eso conmigo —insistía García— después de todo, no es que él esté ahí en la calle, metiéndose en problemas o algo parecido."

La batalla de Sara y García por lo que su hijo podía o no podía ver y experimentar se libró durante más de un año sin una resolución satisfactoria. Su lucha se hace eco de conflictos similares que afrontan las ex parejas, en particular si una de las partes se interesa y es apasionada por educar a sus hijos en una comunidad de fe, según un conjunto de valores o principios "más elevado."

Influencia, autoridad y control

El divorcio es un estupendo maestro, aun cuando las lecciones no siempre sean agradables. Una de las primeras cosas que el divorcio enseña es que no tiene usted el control. Puede que haya querido que su matrimonio durase para siempre, pero no fue así. Puede que haya esperado tener una familia amorosa y, sin embargo, resultó que usted y su pareja eran mejores en la lucha mutua que en amarse mutuamente.

El divorcio es una cartelera gigante en la autopista de la vida. Cuando pasa por su lado, no puede evitar leer el mensaje escrito de modo llamativo en la superficie: USTED NO TIENE EL CONTROL.

Puede que haya hecho todo lo posible para edificar un matrimonio basado en compartir una fe común y un profundo compromiso con los valores espirituales, pero a pesar de sus mejores esfuerzos, este tipo de unidad nunca emergió en su relación. Quizá fuera usted el único que estaba comprometido con el crecimiento espiritual, gruñéndole a su pareja para que fuera a la iglesia, para que se implicara en un grupo pequeño, o para que comenzara a leer la Biblia. Usted esperaba, soñaba, oraba... Sin embargo, nada cambió.

El divorcio es una cartelera gigante en la autopista de la vida. Cuando pasa por su lado, no puede evitar leer el mensaje escrito de modo llamativo en la superficie: USTED NO TIENE EL CONTROL. Esta no es una lección "divertida", pero puede ser una lección útil.

Un día, descubrirá usted que esta misma verdad —*usted no tiene el control*— se aplica a sus hijos. Usted aprende que —a pesar de todo lo que les está enseñando a sus hijos, a pesar de todo valor moral y rasgo de carácter que espera infundir en ellos— su ex pareja está siendo ejemplo, o hasta recomendando, un estilo de vida que es totalmente distinto, quizá decadente o inmoral.

¿Cómo puede usted responder a ese tipo de desafío? ¿Cómo debería relacionarse con su ex pareja en el proceso de tomar decisiones acerca de sus hijos? Al considerar la delicada danza de educar conjuntamente, las siguientes son algunas de las pautas clave recomendadas por quienes están aprendiendo las lecciones cada día.

Es su casa: establezca sus propias reglas

Clara es totalmente firme en esto. "Es esencial", insiste. "Uno no puede dejar que su ex pareja, sus buenos amigos, sus padres o alguna otra persona sigan metiendo sus narices todo el tiempo. Uno tiene que decidir, por sí mismo, cómo va a llevar su casa, ¡y *especialmente* cómo va a educar a sus hijos!"

Las cabezas asienten por toda la habitación cuando los otros padres solteros indican su aprobación de la frase de Clara.

"Yo tengo que estar de acuerdo", dice Gabriel. "Una de las cosas por la que mi ex esposa y yo luchábamos todo el tiempo era cómo disciplinar a nuestros hijos. Pero ahora que cada uno de nosotros tiene su propia casa y su propia vida, creo que es importante que los dos podamos educar a nuestros hijos del modo que veamos apropiado."

Carlos no ve ninguna particular contradicción en su frase. "Mi casa, mis reglas", afirma Carlos, "su casa, sus reglas."

Clara continúa la conversación. "Eso es lo que digo yo", reitera. "¿Cómo puede uno dejar que su ex pareja dicte cuáles van a ser las reglas? Quiero decir que el matrimonio se ha terminado. Cualquier tipo de poder o de autoridad que la otra persona pueda haber tenido sobre uno y sobre las elecciones se fueron cuando el matrimonio terminó."

Hay un matiz en su voz que muchos parecen observar.

"No estoy segura de que se trate tanto de autoridad", inserta Marie suavemente, "pero creo que muchos de nosotros en esta habitación estamos descubriendo que nuestros ex esposos o ex esposas tienen valores muy distintos a los nuestros. Por tanto, realmente es un caso de apoyar nuestros propios valores, de proporcionar el tipo de ambiente correcto para nuestros hijos, aun si el resto del mundo, y el sistema escolar, y su papá (o su mamá) van en otra dirección."

"Creo que Dios espera que enseñemos, expliquemos y seamos ejemplo de lo que creemos acerca del mundo y acerca de cómo debería vivir la gente —continúa—, y ya que mi ex ni siquiera es creyente en este momento, si mis hijos van a ver a Dios o a oír a Dios en sus vidas cotidianas, tendrá que ser en mi casa."

Preguntamos qué significa eso en términos prácticos.

Marie enseguida responde: "Yo sé que mis hijos están viendo lo que ve su papá, y cómo vive él —dice deliberadamente—, y también sé que me están viendo a mí. Dejé de tratar de ser perfecta hace mucho tiempo. ¡Simplemente no puedo hacerlo! Pero puedo mantener a Dios en el centro de mi atención. Puedo hacer de la oración una gran parte de nuestra vida como familia. Puedo implicarme activamente en mi iglesia, mostrando a mis hijos que mis valores incluyen servir, ministrar e interesarme por otros."

"Creo —tengo que creer esto—, creo que con el tiempo mis hijos serán lo bastante mayores para ver los contrastes y las diferencias entre su papá y yo. ¿Suena eso a arrogancia? No lo digo en ese sentido. Lo que quiero decir es que, finalmente, mis hijos van a ver la diferencia entre el egoísmo y el desinterés, entre buscar el placer propio y tratar de servir a otros."

"No puedo elegir por ellos, y no puedo estar segura de que ellos serán lo bastante inteligentes para tomar decisiones sabias. Lo único que puedo hacer es tratar de mostrarles lo que yo valoro, lo que me interesa, lo que creo; y eso es lo que estoy haciendo cada día."

Hay silencio en la habitación durante lo que parecen varios minutos.

Entonces, Carlos continúa la conversación. "Eso está muy por encima de lo que yo estaba diciendo", admite. "Yo sólo quería decir que cada uno de nosotros puede establecer sus propias reglas sobre el irse a la cama, sobre comer dulces, cobre qué amigos nuestros hijos pueden ver y cuándo pueden verlos."

"Pero aquí estoy, intentando ser bueno en la disciplina y moldear la vida de mis hijos, pero no estoy prestando casi atención a otras personas y a sus necesidades. No estoy haciendo nada, nada en absoluto, que muestre a mis hijos que me intereso por otras personas. He estado demasiado ocupado solamente intentando sobrevivir a todo este desastre..."

En la habitación, otros padres solteros reflexionan en silencio en la verdad y las implicaciones de los comentarios de Carlos.

Permanezca firme si sus hijos intentan manipularlo

Compartimos este capítulo con una ocupada madre soltera, pidiéndole que lo revisara y ofreciera cualquier sugerencia que pudiera tener. Nos sorprendimos cuando ella se rió ante el subtítulo anterior.

"¿Ustedes realmente escribieron la frase '*si* sus hijos intentan manipularlo'?", pregunta nuestra amiga, levantando sus ojos con incredulidad. "¿Están sugiriendo que ellos podrían no hacerlo? ¡Eso es divertidísimo!", se ríe en voz alta. "Esta sección debería de titularse 'Permanezca firme *cuando* sus hijos intenten manipularlo'." Al tratar con esta realidad diariamente, ella tiene derecho a ser una experta en este fenómeno.

Nuestra amiga, que tiende hacia lo dramático, nos da sus mejores imitaciones de las voces de sus hijos.

"¡Papá me deja que me quede despierto hasta que yo quiera!", se queja con una voz muy aguda, como de joven.

"¡Papá dice que el chocolate es uno de los cuatro grupos básicos de alimentos!", dice con una cadencia diferente.

"Papá dice que si me hago agujeros en las orejas, ¡él lo pagará!", insiste, haciéndolo sonar como una adolescente malhumorada.

"Hay días —regresa a su propia voz— en que creo que todas las frases que salen de su boca comienzan con las palabras 'papá dice' o 'pero papá dice...'. Así que la cuestión no es 'si' los hijos intentan manipular, sino 'cuando' intentan hacerlo. Porque uno puede estar seguro de que lo intentarán... y seguirán intentándolo."

La perspectiva de nuestra amiga es compartida por muchos que intentan la delicada danza de educar conjuntamente. Típicamente, una de las partes cree que la otra está "malcriando" o "consintiendo demasiado" a los hijos. Y cuando hay diferencias significativas en el nivel de privilegios que los hijos disfrutan en las dos casas, uno puede esperar que ellos noten esas diferencias y que realicen un continuado, y con frecuencia concertado, esfuerzo para cambiar la casa "más fuerte" a fin de que funcione como la "más débil."

Sin embargo, a pesar de esta presión, es posible defender su territorio y establecer sus reglas y límites como firmes e inflexibles.

"Mi ex les deja que se aprovechen de ella", dice Brandon acerca del estilo de educación de su ex esposa con sus dos hijos pequeños. "¿Cómo será cuando ellos sean más mayores, si ella ni siquiera puede controlarlos ahora?"

Él expresa su frustración. "Les deja que la contradigan todo el tiempo; les deja que le griten. Los he oído decirle nombres: en voz alta. ¿Cómo van a aprender ellos a respetar a los adultos, o a respetar la autoridad, cuando ella les deja que salgan airosos de cosas como esas?"

Brandon sirve en el ejército de los Estados Unidos.

"Eh —dice a la vez que establecemos la conexión—, no estoy tratando de hacer de esos niños pequeños soldados. ¡Ni mucho menos! Pero creo que los niños debieran entender que los adultos tienen el control. Creo que los niños debieran aprender a respetar la autoridad cuando son pequeños. Creo que es una lección que ellos necesitarán más adelante en la vida."

"¿Es respetuoso cuando un niño le dice 'no' a un adulto? No lo creo. ¿Es respetuoso cuando un niño le grita a su madre o le llama con un nombre muy malo? Creo que no. Y si uno les deja que salgan airosos de eso cuando son pequeños..."

Le preguntamos a Brandon si sus hijos intentan manipularlo.

"Solían hacerlo", dice con simpleza.

¿Está dando a entender que ya no se comportan de ese modo?

"No, no estoy dándolo a entender; lo digo como un hecho", dice secamente. "No consiento eso en mi casa. No soportaré que los niños traten de decirme cómo debiera llevar mi propia casa, o traten de decirme que la manera de su mamá es mejor."

Le pedimos consejos prácticos para lograr resultados como esos.

"Mi Rebeca tiene ocho años; es la mayor", dice con orgullo. "Ella ha estado viviendo entre dos casas desde que tenía seis años, pero le va realmente bien. Les diré exactamente lo que le dije a Rebeca cuando ella comenzó a hablarme de la manera de hacer las cosas que tenía su mamá. Le dije que si su mamá tenía algunas reglas que fueran más estrictas que las mías, más firmes que las mías o más difíciles que las mías, yo quería saberlo. Porque si yo oía sobre alguna regla más difícil, iba a comenzar a usarla en mi casa."

"Entonces le dije que si su mamá tenía reglas más fáciles, reglas que no fueran tan difíciles como las mías o tan firmes como las mías, ni siquiera quería oír hablar de ellas, ni siquiera una vez. ¡Nunca! Le dije que si ella trataba de hablar de reglas más fáciles, la castigaría por hacerlo; y me aseguré de que ella entendiera que lo decía de veras. Por tanto, ella tenía permiso para hablarme de las reglas que había en casa de su mamá, pero solo si esas reglas eran 'más difíciles' que las mías. De otro modo, nada de conversación."

"¿Ven cómo funciona? Le estoy dando permiso para hablar de la diferencia entre nuestros dos conjuntos de reglas, pero solo si mamá es más firme que yo. ¿Creen que ella me ha hablado alguna vez acerca de las reglas desde aquella vez?"

A pesar de nosotros mismos, sonreímos. Tenemos que hacer la pregunta obvia. ¿Le ha hablado Rebeca a su padre acerca de cualquier manera en que su madre es *más firme* que él, de cualquier regla que sea más firme en la casa de su mamá?

Brandon se ríe en voz alta. "Antes que nada, hay una posibilidad nula de que ese sea el caso —insiste sonriendo—, y además, si ocurriera, estoy seguro de que Rebeca es lo bastante inteligente para no hablarme de una regla más difícil. ¿Creen que ella quiere que yo sea más firme de lo que soy? Estoy seguro de que ella es lo bastante inteligente para no decirlo si su mamá alguna vez es más firme que yo. ¡No es que eso vaya a suceder nunca!"

Puede esperarse de los niños tan pequeños como Rebeca, y mucho más pequeños, que noten cuando uno de los padres es fácil. Puede esperarse de los niños que prefieran la estructura menos difícil y que presionen a la madre o padre más firme para que se relaje o cambie.

Cuando uno de los padres cede al chantaje emocional, es decir, tratar de agradar a un hijo al suavizar las reglas, ajustar los límites o cambiarlos, el hijo aprende que los adultos pueden ser formados mediante la queja, la súplica, la presión o la manipulación de las emociones del padre. Este cambio de papeles enseguida sitúa al hijo en control, con el adulto gradualmente conformándose a la voluntad del niño.

Si Dios hubiera querido que los niños gobernaran el mundo, lo habría diseñado de tal modo que los hijos dieran a luz a los padres. En cambio, Dios parece quererlo del modo contrario. Los adultos son quienes dan a luz, proporcionan alimento y forman a los hijos en el camino por donde debieran ir. Cuando los adultos abdican esta responsabilidad ante la presión emocional de sus hijos, son los hijos quienes más sufren.

Los padres divorciados, compartiendo la custodia y educando a sus hijos con ex parejas cuyos valores y creencias pueden variar ampliamente de las propias, son particularmente vulnerables a las apelaciones, ruegos y negociaciones de sus hijos. Al querer lo mejor para sus hijos, y al estar inseguros en su papel como padre soltero, algunos de esos adultos finalmente ceden a los incesantes ruegos de los hijos.

Pronto lamentan haberlo hecho.

Al permanecer firme en sus límites y establecer un distintivo control de su propia casa y de su propio espacio, usted ayuda a sus hijos a aprender a ajustarse, cambiar y relacionarse correctamente con otras figuras de autoridad en sus vidas. Más adelante en la vida, cuando esos hijos hagan la transición a una educación superior, al mundo laboral y a los sistemas sociales, las lecciones que usted les haya enseñado los ayudarán a tener éxito y desarrollarse como adultos.

Mientras tanto, su propio hogar será un lugar más pacífico. Usted habrá establecido el hecho de que el rol del padre es establecer las reglas. Habrá demostrado el hecho de que, aunque el otro padre de su hijo pueda tener diferentes valores e ideas a las de usted, es usted quien establece el tono y las políticas que se siguen en su propio hogar. Sus hijos puede que protesten contra eso, pero lo entenderán. También entenderán si usted cede a su presión, y pronto aplicarán una mayor.

Admita diferencias mientras evita la crítica

Al establecer sus propios límites en su casa y defenderlas firmemente contra la manipulación emocional y la queja constante, puede surgir otro problema o dificultad. Puede que usted sea consciente de que su ex pareja está viviendo y conduciéndose de maneras que son inmaduras, poco sanas y poco sabias.

A medida que explore esta dificultad, necesitará ser consciente de sus propios intereses creados en el asunto. Probablemente haya en su interior una animosidad natural hacia su ex pareja desde que la relación matrimonial se volvió difícil. Esta hostilidad latente o explícita puede distorsionar su opinión acerca de su ex pareja, magnificando sus malas cualidades mientras a la vez minimiza cualquier rasgo positivo.

Antes de actuar respecto a áreas de diferencia, es útil intentar una evaluación objetiva de la situación. ¿Está en realidad su ex pareja conduciéndose de una manera que es inmadura o está siendo usted demasiado crítico? ¿Está su ex cónyuge abiertamente minando sus valores, o simplemente está viviendo de modo coherente con su propio sistema de ideas y creencias?

Uno de los enfoques más útiles que puede usted adoptar, por el bien de sus hijos, es limitar sus críticas de su ex pareja. ¡Esto resultará difícil! Después de todo, su divorcio probablemente no estuvo basado en una admiración mutua. Además, su anterior pareja casi seguramente estará haciendo elecciones con las que usted no está de acuerdo, y quizá esté teniendo un verdadero impacto negativo en la formación moral, espiritual o educativa de sus hijos a medida que ellos crecen hacia la madurez; o al menos eso le parece a usted.

Es posible distinguir entre valores conflictivos sin atacan a las personas que tienen valores diferentes a los suyos. Hasta cierto grado, este proceso natural se produce en cualquier círculo familiar, en particular cuando se casa y entra usted en una familia que expresa afecto, que gasta dinero, o que toma decisiones de maneras muy distintas a las maneras en que a usted lo educaron. En lugar de criticar abiertamente a los miembros de su nueva familia, usted aprende a apreciarlos como personas a la vez que está en desacuerdo con muchos aspectos de sus elecciones, decisiones y valores.

En otras palabras, es posible practicar tolerancia sin ceder en sus propias perspectivas acerca de asuntos sociales, incluyendo la educación de los hijos. No es necesario que usted esté de acuerdo o afirme a su ex pareja y su sistema de valores. Sin embargo, una vez más, es sano y positivo para los hijos si usted puede refrenarse de criticar abiertamente el carácter personal de su ex pareja.

Sus hijos probablemente les hayan oído pelearse; probablemente comprendan que hay una profunda tensión entre usted y su otro padre biológico. Ellos están incómodos con esa tensión; aumenta sus propios niveles de estrés. En lugar de reaccionar a una ex pareja difícil con ira y crítica, es más sabio y más útil distinguir entre una mala conducta y una mala persona.

Puede que haya ocasiones en que sea necesario intervenir firmemente a favor de sus hijos, en particular los más pequeños. Por ejemplo, ¿tiene su ex pareja pornografía en su casa? Es razonable y útil que usted privadamente insista en que nada de ese material sea visible o accesible para sus hijos durante sus periodos de residencia en la casa.

Ya que usted no puede controlar a su ex pareja y su base para tomar decisiones, su única ruta de enfoque será apelar; sin embargo, puede hacerlo con una convicción firme, especialmente cuando defiende a los niños más pequeños contra el condicionamiento social que puede afectarlos de maneras negativas. Puede usted expresar sus puntos de vista sin atacar el carácter de su ex pareja; y hasta el grado que sea capaz de hacerlo, aumentará mucho la probabilidad de que su anterior cónyuge le escuche y reaccione de maneras positivas.

A la larga, hablar sobre su ex pareja de maneras positivas tendrá una influencia positiva y útil en las vidas de sus hijos. En lugar de oír amargura y enojo de usted, ellos experimentarán una perspectiva optimista y tolerante de personas que les ayudarán a refrenarse de juzgar a otros. Esto les ayuda a evitar volverse críticos, cínicos y cáusticos en su perspectiva del mundo.

Después de un divorcio, las dos partes son mejores a la hora de notar las faltas el uno en el otro de lo que son a la hora de afirmar sus puntos fuertes. Rara es la pareja divorciada que pueda mantener una civilizada dignidad en todas sus conversaciones —públicas y privadas— el uno acerca del otro. Sin embargo, cuando se hace el esfuerzo de evitar la crítica del padre o la madre de sus hijos, los hijos obtienen un sentimiento de bienestar que les ayuda a ajustarse al difícil mundo de ser educados en múltiples casas.

Puede que usted albergue fuertes sentimientos acerca de las incapacidades personales y evidente inmadurez de su ex pareja. Sus observaciones pueden hasta ser confirmadas por testigos objetivos. Aun así, será usted sabio como persona y útil como padre cuando evite la trampa de criticar abiertamente y atacar a su ex pareja. En particular, usted puede, y debería, evitar la crítica de su carácter. Si es absolutamente necesario que comente sobre valores, mantenga la conversación centrada en filosofías e ideas, y no en personas e identidades.

¿Competir o cooperar?

Cuando la educación conjunta se considera mediante el paradigma de la competición, las dos partes puede que luchen por demostrar que su método es "mejor", que su casa es "el ambiente más positivo" en el cual educar a los hijos. El problema con el paradigma de la competición es obvio: Al ver a la familia a través de las lentes de "ganar", siempre hay un "perdedor"; en tales casos, todos tienden a perder.

Cuando dos padres adoptan una perspectiva desinteresada y sitúa las necesidades de los hijos en una alta prioridad, los desacuerdos pueden ser minimizados y las conversaciones positivas pueden sustituir las discusiones de tonos altos.

Cuando la educación conjunta se convierte en una relación de colaboración, es posible que una relación de divorcio funcione con más facilidad que lo que funcionó el matrimonio. En nuestro trabajo con matrimonios y familias durante las dos últimas décadas, nos hemos encontrado a numerosas parejas divorciadas que tenían muy poco terreno para el acuerdo en sus valores y creencias centrales. Sin embargo, hicieron un esfuerzo unificado para trabajar por el bien de los hijos que tuvieron juntos.

Cuando un padre funciona de modo desinteresado, queriendo lo mejor para los hijos, todos ganan y se benefician. Cuando dos padres —incluso dos padres que hayan decidido poner fin a una unión matrimonial y vivir separadamente— adoptan una perspectiva desinteresada y sitúan las necesidades de los hijos en una alta prioridad, los desacuerdos pueden ser minimizados y las conversaciones positivas pueden sustituir las discusiones de tonos altos.

Los autores son conscientes de decenas de parejas divorciadas que encajan en la anterior descripción. Aunque muchos han vuelto a casarse o están con otras parejas, han aprendido a funcionar positivamente y desinteresadamente con respecto a la educación de sus hijos. Hay hecho a un lado sus diferencias personales el tiempo suficiente para pensar en lo que es mejor para sus hijos; al hacerlo, han aumentado mucho el sentimiento de bienestar de sus hijos, su seguridad y su valor personal.

Siga dispuesto a aprender, crecer y cambiar su perspectiva

Usted no lo sabrá todo sobre educación tras la secuela de un divorcio. Años después, *seguirá sin* saberlo todo. A pesar de mantener fuertes opiniones y profundos valores personales, siga abierto a aprender, crecer y cambiar.

Puede que descubra que, en sus primeros años de educación conjunta, es usted el padre que es más firme o más estructurado en la manera de educar a sus hijos. Puede que se sienta como el único lo padre lo bastante maduro para cumplir con el necesario papel de ser la persona adulta en la familia. Puede que se canse de ser siempre la figura de autoridad; sin embargo, puede seguir creyendo que es necesario.

Si es así, esté abierto a descubrir los únicos dones y carácter de cada uno de sus hijos. Algunos de ellos de modo natural necesitarán menos estructura y menos disciplina que otros. Algunos de ellos requerirán enormes cantidades de atención: usted necesitará no sólo establecer y comprobar límites, sino también pasar todo su tiempo haciendo cumplir, haciendo cumplir, ¡y haciendo cumplir otra vez! A medida que lo haga, observe las diferentes maneras en las cuales cada niño reacciona y responde a la disciplina y la estructura.

Puede que sea usted el padre que cree que un enfoque más relajado y libre permite al niño crecer y desarrollarse de modo más natural. A medida que usted madure y cumpla años, puede que comprenda que un poco de estructura es bueno para un niño, y quizá hasta necesario. Esté dispuesto a adaptar su modo de pensar a medida que el laboratorio de la experiencia humana da resultados con los que usted vive cada día. No se avergüence de cambiar; ¡todos podemos aprender!

El factor clave a tener en mente acerca de aprender, cambiar y crecer, es que puede usted hacerlo a su propio ritmo. No necesita ceder a la presión emocional de sus hijos, su ex pareja, sus padres, sus amigos o ninguna otra persona. Aunque muchas personas puede que tengan opiniones que ofrecer —y muchas puede que le sigan ofreciendo sus opiniones—, usted no está obligado a responder cambiando sus puntos de vista para acomodarlos a las ideas, valores o creencias de ellos.

Si está usted implicado en una iglesia, una familia muy grande o alguna otra red social, mire con atención a las familias que lo rodean. ¿Dónde ve usted niños que se comportan bien, se relacionan bien, y parecen ser muy emprendedores? ¿Los hijos de quién parecen los que tienen más confianza, los más capaces, los más generosos?

Aprenda mediante la observación. Mire cómo otros padres tratan a sus hijos; asegúrese de observar lo que ellos hacen, no lo que dicen. Aprenda de otros padres, y especialmente de padres solteros y familias mixtas tras un divorcio, cómo manejar con amor los muchos y difíciles desafíos de educar conjuntamente.

Aprenda mediante la lectura. Vaya a la biblioteca y lea libro sobre desarrollo infantil, psicología infantil y aprendizaje infantil. Aplique lo que aprenda utilizando su conocimiento para mejorar sus capacidades como padre. A lo largo del camino: permanezca humilde. Hay muchos "expertos" que fracasan miserablemente como cónyuges y padres; su objetivo no es convertirse en un experto, sino descubrir lo que funciona.

Si sus hijos se llevan varios años, puede que descubra que es usted un padre más sabio y mejor cuando los más pequeños sean mayores de edad. Entonces habrá usted aprendido por experiencia, por la prueba y el error, cómo ser una madre o padre más eficaz para las personalidades únicas que ocupan su casa. Entonces, saturado con la Escritura y bendito por observar estilos de educación "exitosos", puede que haya aprendido lo suficiente para considerar compartir su sabiduría con otras personas.

En un primer matrimonio, la disciplina y la educación de los hijos puede que sea y que se convierta en uno de los "puntos principales" que causa frecuentes peleas. ¡No debería usted esperar que eso sea distinto para una pareja divorciada! Sin embargo, es también cierto que algunas parejas divorciadas realmente manejan la educación y la formación de sus hijos con más gracia y aplomo que algunas parejas casadas.

Si alguna vez ha visto a una pareja casada por mucho tiempo pelearse, puede que comprenda esta realidad. Constantemente discutiendo y minándose el uno al otro, esas parejas casadas por mucho tiempo están en desacuerdo acerca de casi todo, con frecuencia vocalmente.

Libres del constante estrés de vivir juntos, algunas parejas divorciadas encuentran el camino de un enfoque cooperativo y razonablemente unificado para educar a sus hijos. No es necesario que ambas personas estén de acuerdo en todo; es útil, sin embargo, cuando ambas partes encuentran la gracia y la buena naturaleza para ser tolerantes del estilo personal, los valores e ideas el uno del otro.

Educar conjuntamente es una delicada danza. Sin embargo, puede usted aprender los pasos y quizá hasta manejar un giro o dos durante su tiempo en el salón de baile.

La delicada danza de educar conjuntamente:
Aprender unos cuantos pasos

Lo siguiente es lo que otros padres divorciados están aprendiendo a medida que se ocupan conjuntamente de la educación y la formación de sus hijos.

1. *Cada parte determina valores para su propia casa.* No podemos controlar a otros adultos; sin duda, no podemos controlar exitosamente a nuestro ex cónyuge. Sin embargo, podemos establecer el tono y decidir los valores de nuestra propia casa. Hagámoslo con confianza, cumpliendo nuestra responsabilidad con nosotros mismos y con nuestros hijos.

2. *Los hijos deberían respetar sus reglas, no cambiarlas.* Sus hijos pueden ser "más libres" en la casa de su ex pareja. Puede que disfruten de más privilegios, más dinero o menos límites allí. En palabras sencillas, esa casa es esa casa; la suya es la suya. Permanezca firme y niéguese a ceder al chantaje emocional.

3. *Admita diferencias sin criticar a su ex como persona.* Sus hijos notarán y observarán las diferencias en sus valores morales, cultura y conducta. Esto es natural. Si habla usted acerca de esos asuntos con sus hijos, hágalo son criticar al otro padre como persona. Hable sobre asuntos e ideas, no sobre personas.

4. *Trate de cooperar en lugar de competir.* ¡Trabajar juntos hacia una meta común es a veces más fácil si no tiene que vivir con la otra persona! Algunas parejas divorciadas manejan y supervisan el cuidado de sus hijos con más éxito y paz que algunas parejas casadas. Haga a un lado sus diferencias, sea desinteresado y piense en los hijos.

5. *Esté abierto a aprender, crecer y cambiar.* Será usted un padre más sabio a medida que aprenda mediante la experiencia. Esté abierto a lo que la experiencia pueda enseñarle, y esté preparado para cambiar y crecer como persona. Sin embargo, hágalo como una elección consciente, en lugar de permitirse ser presionado por padres, ex parejas u otras personas con buenas intenciones. Busque a su alrededor ejemplos de padres que parezcan estar teniendo éxito de alguna manera. Observe lo que ellos hacen.

CAPÍTULO SEIS

Perder acceso, pero ganar influencia

EL DIFÍCIL MUNDO DEL PADRE SIN LA CUSTODIA

Mi papá me llamó en mi cumpleaños;
dijo que me enviaría 20 dólares.
Espero que lo dijera de verdad.
Mi mamá dice que él ha estado bebiendo de nuevo.
—Danielle, 13 años de edad, hija de divorciados

Cuando Sharon se fue, se llevó con ella a sus dos hijas. Casada con Roberto durante cinco años, ella se fue la mañana de un martes. Condujo y atravesó casi la mitad del país con sus hijas, de cuatro y dos años de edad, sentadas detrás de ella en un oxidado Ford Ranger que antes había sido blanco. En la parte de atrás, ella había apilado su ropa, la ropa y los juguetes de sus hijas y otro poco de cosas más.

Cuando llegó a casa de sus padres, sin previo aviso, se trasladó junto con sus hijas a lo que antes había sido su propio cuarto. Se quedó varios meses. Para entonces, había establecido otra relación: ella y sus hijas se fueron a vivir con su nuevo novio.

Roberto, preocupado por sus hijas y afrontando un despido en el trabajo, no sabía qué pensar o esperar. Sabía que Sharon no lo quería. Ella se lo había explicado a él muchas veces; pero nunca había dicho que se iría. Sin duda, ella nunca dijo que se llevaría a sus hijas cuando se marchara.

Tres días después de que ella se fuera, Roberto comprendió que debía de tener algún lugar donde ir. Muy preocupado por sus hijas, pero tratando de sonar normal por el teléfono, Roberto llamó a los padres de Sharon, y preguntó casualmente si podía hablar con su esposa.

"Ella está aquí, pero no creo que quiera hablar contigo", le dijo el padre de Sharon. "No nos ha dicho mucho, pero sí que dijo que se había terminado. Dijo que si llamabas, ella no quería hablar contigo."

Con deudas, y enfrentándose a un posible despido en el trabajo, Roberto no estaba en posición de cruzar el país y confrontar a su esposa. Sin la camioneta, Roberto sólo tenía una motocicleta para su transporte personal.

"Debería haber ido tras ellas entonces", dice Roberto hoy, con la sabiduría de la retrospectiva. En cambio, sintiéndose atado a su patrón y desesperado por ganar todo el dinero que pudiera antes de que se produjeran los despidos, Roberto se quedó donde estaba. Trabajó tantas horas como la fábrica le dio, regresando a una casa vacía que era un recordatorio constante de la vida familiar que había perdido.

"Yo estaba loco", dice con convicción. "Estaba muy preocupado, loco por pensar perder a mis hijas. En aquel entonces, comprendí que realmente ya no quería a Sharon, aunque habría permanecido con ella para siempre; pero, sin duda alguna, quería a mis hijas. ¡No podía soportar estar tan lejos de ellas!" Los ojos de Roberto se humedecen con el recuerdo.

Mirando atrás, Roberto no tiene idea de por qué no persiguió a las niñas con más rapidez, aunque sus opciones eran pocas y parecían menos aún. Cuando finalmente tuvo noticias de Sharon, ella le envió documentos legales para una separación. Él vio esperanza en eso, sin comprender que para Sharon era un paso en un proceso que conduciría a otro destino: el divorcio.

"En realidad, me animé un poco cuando ella envió los documentos de separación", dice Roberto. "Para mí, eso significaba que quizá pudiéramos solucionar las cosas y regresar juntos, al menos por el bien de las niñas."

Se revela un plan

En cambio, Sharon esperó un tiempo y luego solicitó el divorcio, y también la custodia de las niñas. Ella había planeado sus actos con gran cuidado, asegurándose de que antes de la demanda todo estuviera a favor de ella. De hecho, las cartas contra Roberto formaban una pilas tan altas, que él ni siquiera podía ver la mesa. Lo único que sabía era lo que sentía en su corazón: estaba perdiendo a sus hijas.

Cuando Sharon solicitó el divorcio, toda la evidencia disponible favorecía que su casa, sus condiciones de vida y su estado fueran el mejor lugar para que las niñas fueran educadas. Aunque Roberto contrató a un abogado (el cual apenas podía permitirse), el abogado no pudo hacer ningún milagro por él.

Con el divorcio, a Sharon se le otorgó la custodia temporal de sus dos hijas. Roberto tenía "derechos de visita", pero se le requería que se pusiera en contacto con su esposa, programara cualquier visita de antemano, dándole la noticia de la visita al menos con 48 horas de antelación. Debido a la larga distancia que había entre la casa de Sharon y la de él, Roberto comprendió que rara vez, si es que alguna, podría ver a sus hijas bajo ese acuerdo.

Se debatió entre dejar su trabajo o no. Consideró presentar una declaración de quiebra. Más de una vez pensó en poner fin a su propia vida, pues estaba deprimido y preocupado. Dado su frágil estado mental, podría haber llevado a cabo cualquiera de esos actos. En cambio, decidió "entrar a la religión", según sus propios términos.

"Supongo que comprendí que si alguien podía ayudarme, era Dios", dice lentamente. "O comprendí que nadie podría posiblemente ayudarme, excepto Dios, si es que había un Dios."

Se encuentra una fe

Aunque Roberto afirma haber encontrado fe en los días que siguieron, lo que en realidad descubrió fue una red de nuevos amigos, todos los cuales creían en sus derechos y obligaciones como el padre de dos hijas. Sus nuevos amigos en la iglesia tomaron como obligación perseguir sus derechos, estudiar su caso, y aconsejarlo sobre qué hacer.

"Ellos seguían diciendo que oraban por mí", recuerda, "y yo supongo que estaba agradecido por eso, pero pensaba para mí qué podría hacer la oración."

Ya fuera la oración o la acción, la vida de Roberto comenzó a cambiar. "Se abrieron puertas", dice concisamente, "antes de darme cuenta, había posibilidades delante de mí que nunca se hubieran producido."

Unos meses después de encontrar su camino a la fe, estaba metiendo sus maletas en una camioneta de algunos de sus nuevos amigos. A través de contactos de la iglesia, le ofrecieron un empleo en una comunidad que estaba a menos de dos horas de la ciudad donde Sharon vivía. El empleo era parecido a lo que él ya había estado haciendo.

Antes de irse, los amigos de la iglesia ayudaron a Roberto a encontrar un nuevo apartamento en su nueva comunidad: rentaría el sótano de una pareja mayor y jubilada que asistía a una iglesia de la misma denominación en la nueva comunidad. La renta era baja, y mejor aún, el sótano tenía dos dormitorios amueblados. Si de alguna manera podía asegurarse algún derecho de visitas, podía ofrecer un verdadero dormitorio donde tener a sus hijas durante las visitas con él.

Hizo la mudanza y comenzó el nuevo empleo. A pesar de estar extremadamente ansioso por ver a sus hijas, Roberto no estableció ningún contacto con Sharon durante ese tiempo. Quería estar plenamente asentado, en su nuevo hogar, y con un empleo antes de pedir su primera visita.

"Suenas mucho mejor", le dijo su suegro, "y entre tú y yo, creo que las niñas te extrañan, y mucho."

Él planeó hacer el viaje de dos horas un sábado y anunciar, sólo después, cuando fuera un hecho, que ahora vivía en el mismo estado. Si Sharon podía trabajar en secreto y con sorpresa —Roberto pensó para sí—, entonces él también podía. Aparecería y se llevaría a sus hijas a McDanielald´s. Seguramente habría un McDanielald´s en la ciudad donde ellas vivían; si no, les compraría un helado en algún lugar.

Su plan funcionó, en su mayoría. Cuando hizo su primera llamada para solicitar una visita el sábado siguiente, se le negó el permiso: Sharon se lo negó. Ella tenía una excusa por la cual las niñas no podían, así que Roberto inmediatamente pidió el fin de semana siguiente. Sharon no pudo encontrar rápidamente una razón para negarle su petición.

Su conversación fue con el padre de Sharon, no con Sharon misma. Roberto no conocía el nombre de su novio, y no sabía cómo llegar directamente a su ex esposa. Antes de colgar el teléfono, su padre voluntariamente le dio alguna información. "Suenas mucho mejor", le dijo su suegro, "y entre tú y yo, creo que las niñas te extrañan, y mucho."

Roberto colgó el teléfono y lloró.

Aunque había estado esperando otra semana antes de verlas, ¡ahora vivía en el mismo estado que sus hijas! Estaba trabajando, ahorrando su dinero, y tenía dos cosas críticamente importantes a su favor: un buen auto donde llevar a sus hijas y un maravilloso apartamento para compartirlo con ellas si podía obtener la custodia enseguida.

Era casi más de lo que Roberto podía asumir, después de meses de estar solo y preocuparse muchísimo por perder a su familia. Ya estaba activamente asistiendo a la iglesia en su nueva comunidad, donde las personas conocían la historia de su vida antes incluso de que él llegara. Parecía caerles bien a las personas; ellas le animaban a que obtuviera acceso, aunque fuera temporal y ocasional, a las dos hijas que eran, claramente, la luz de su vida. Ahora, si podía esperar unos cuantos días, ¡vería a sus hijas!

Para Roberto, aquellos días parecieron una eternidad, pero finalmente pasaron. Amaneció la mañana del sábado brillante y clara. Él se bañó y lavó el auto que había comprado; aunque tenía casi ocho años de antigüedad, brillaba como si fuera nuevo.

Llegó a la casa de los padres de Sharon. Sus hijas estaban esperando y mirando. Ambas salieron corriendo, gritando, de la puerta de la casa de sus abuelos. Sharon, que se había limitado a dejarlas en casa de sus padres, había decidido no verlo en persona.

Roberto lloró como un niño; sus hijas también lloraron. Los padres de Sharon, mirando desde el porche, no pudieron evitar llorar junto con ellos. Fue —a pesar de todas las lágrimas— una reunión muy feliz.

Aunque Sharon había insistido en que las niñas se quedaran en la casa de sus padres, sus padres enseguida se aplacaron y cambiaron sus instrucciones. Cuando Roberto preguntó si podía llevar a sus hijas a McDanielald's, su ex suegro enseguida estuvo de acuerdo.

"Oh, vayan", recuerda que dijo su suegro aquel día. Ambos hombres lloraban, "pero asegúrate de traerlas temprano, ¿de acuerdo?."

Roberto asintió con la cabeza. Momentos después, él y sus dos hijas estaban comiendo hamburguesas y patatas fritas, tratando desesperadamente de ponerse al día tras los meses que habían estado separados. La conversación era rápida y frenética. Todos hablaban a la vez.

"¡Te extrañé, papá! —recuerda que su hija mayor le dijo aquel día—, ¡te extrañé mucho!"

Para Roberto, que podría haber estado enojado con la que pronto sería su ex esposa por haber huido —y por haber básicamente "robado" a sus hijas en el proceso—, solo hubo alegría aquel sábado, y no enojo o amargura.

"No me importaba; yo estaba muy contento de verlas", insiste. "Ya no estaba furioso con Sharon, sólo estaba contento de volver a tener a mis hijas, aunque fuera durante unas horas. Aquellas pocas horas fueron el mejor momento que tuve en casi todo un año."

Llevó de regreso a las niñas con un poco de adelanto, tomándose tiempo para estar un rato en casa de sus ex suegros. "Vivo sólo a unas horas de aquí", decidió decirles, sin preocuparse ya por lo que Sharon supiera o descubriera, "y mis planes son regresar aquí cada fin de semana de ahora en adelante, para visitar a mis niñitas."

Su ex suegra en realidad le sonrió. "Eso parece correcto", él recuerda que le dijo. "Parece bien."

En los meses que siguieron, Roberto comenzó a ajustarse a hechos que eran una realidad cotidiana para muchos padres sin la custodia de sus hijos. Aunque quería ocuparse de sus hijas, se encontró a sí mismo a merced de anteriores acuerdos legales. La mayoría del tiempo, sus hijas vivían con su ex esposa, con su novio, con los hijos de su novio de un matrimonio anterior, con dos perros y un gato.

Mientras tanto, Roberto vivía a dos horas de distancia, gloriosamente contento de estar tan cerca de sus hijas después de tantos meses separados, pero lamentando el hecho de que él solamente tenía los sábados para estar con sus hijas. A su tiempo, con la ayuda de un abogado contratado a través de sus nuevos amigos en la iglesia, comenzó a tener a sus hijas en su casa los fines de semana, un proceso al que Sharon amargamente se resistía.

Él conducía hasta la casa de sus ex suegros los sábados en la mañana, recogía a sus hijas, las llevaba a su casa, las tenía la noche del sábado, las llevaba a la iglesia el domingo, y luego las volvía a llevar la tarde del domingo, para regresar a su casa el domingo en la noche. Tenía que conducir mucho —ocho horas cada fin de semana—, pero para Roberto valía la pena cualquiera que fuera el costo en tiempo, gasolina y dinero.

"Esas niñas lo son todo para mí", dice simplemente.

Muchos padres sin la custodia de sus hijos, la mayoría varones, aunque no todos, están de acuerdo sinceramente con la perspectiva de Roberto.

Los relatos de padres sin la custodia ausentes, irresponsables e inmaduros, tanto padres como madres, son bastante como para considerarlos un cliché. Sin embargo, la historia que emerge de nuestra época actual es de alguna manera diferente: padres sin la custodia de sus hijos que están haciendo todo el esfuerzo por ser responsables, por ser considerados dignos de pasar tiempo con sus hijos, solamente para encontrarse con obstáculos aparentemente insuperables a lo largo del camino.

"Mi hija no venía a verme, aunque habíamos acordado el calendario con antelación", dice un padre lamentándolo. "Ella tenía 11 años entonces, y yo la extrañaba muchísimo. Pero los fines de semana en que debía estar conmigo, ella simplemente se negaba a venir."

"¿Qué se suponía que debía yo hacer entonces? ¿Ir a buscarla y llevármela por la fuerza? Yo tenía la ley de mi lado; tenía documentos; tenía permiso legal. ¿Pero qué se supone que debo hacer? ¿Llevarme a mi hija gritando que no quiere ir, que no quiere alejarse de la casa de su madre? No es posible que yo haga eso, ¡y estoy seguro de por qué pueden ver que no!"

Menea su cabeza con tristeza.

"Todos los tribunales del mundo no podrían hacer que mi niñita quisiera venir a verme; y en esa época ella ya pasaba seis días y medio con su mamá. Ella ni siquiera quería pasar una tarde por semana conmigo, ni siquiera una tarde por semana..."

Otros padres que no tienen la custodia relatan historias similares.

"Mis hijos al principio lloraban cuando yo iba a recogerlos", dice un padre joven, arrugando su rostro al recordarlo. "Eran pequeños en aquel entonces. Supongo que quizá pensaran que yo los estaba alejando de su mamá permanentemente. Era bastante difícil recoger a aquellos niños, los dos llorando, y meterlos en mi auto para pasar unas cuantas horas de visita. Gradualmente se fueron calmando, y las cosas fueron bien, pero la siguiente vez se producía la misma escena, una y otra vez, más llantos cuando se alejaban de la casa de su mamá."

La vida como padre sin la custodia de los hijos está llena de angustia: al principio por estar separado de los propios hijos durante tanto tiempo, y luego por la falta de entusiasmo que esos niños pueden mostrar al "tener que" pasar tiempo con usted durante unas horas una tarde o un fin de semana.

A medida que hemos trabajado con parejas separadas y divorciadas durante las últimas décadas, hemos desarrollado una línea de enfoque cuádruple que utilizamos para ayudar a los padres que no tienen la custodia a tener la mejor experiencia posible mientras batallan por ajustarse a la realidad de estar lejos de sus hijos durante largos periodos de tiempo.

1. Comuníquese, comuníquese y comuníquese

Uno de los mayores desafíos que los padres sin la custodia afrontan es la gran dificultad de mantener una relación: intermitentemente. Sean sus derechos de visita frecuentes o infrecuentes, permanece el sencillo hecho de que sus hijos pasan la mayor parte de su tiempo en la casa de otra persona, estableciendo vínculos con otro padre o con otra casa y unidad familiar.

Su mejor respuesta a eso es: *comunicarse*. En esta área de fácil acceso a la Internet, enviar mensajes de correo electrónico a sus hijos es una excelente manera de permanecer en contacto. Un ocupado padre al que conocemos, que es el padre sin la custodia de sus dos hijos adolescentes, se pone en contacto con ellos en la Internet cada noche entre las 9:00 y las 10:00. Es un acuerdo conocido sólo por ellos tres, hasta donde el padre sabe.

"Ellos saben que estaré en línea a esa hora, y yo me aseguro por completo de estar conectado y disponible, cada noche de la semana, de 9:00 a 10:00", relata el padre. "No siempre tengo mucho que decir, y ellos no siempre tienen mucho que decir. Pero el punto es que hablamos cada noche."

"Gracias a Dios por los mensajes instantáneos; ¡y lo digo literalmente! No podría permitirme pagar la factura telefónica para hablar con ellos, y sus llamadas de teléfono probablemente no sean privadas, de todos modos, no en esa casa. Pero ellos pueden conectarse y hablar conmigo, y saben que yo siempre estaré ahí para ellos, cada noche, como siempre."

"Tengo una mejor relación con ellos ahora que la que hemos tenido nunca, y en su mayor parte se ha debido a hablar de ese modo", dice el padre. "No me malinterpreten, yo sigo deseando tenerlos todo el tiempo. Pero gradualmente me voy ajustando a la realidad: que eso sencillamente no va a ocurrir, al menos no durante su niñez. Así que ahora tengo lo mejor: 'hablo' con mis hijos cada noche."

Muchos padres sin la custodia puede que no tengan acceso a la tecnología actual, o puede que tengan hijos demasiado pequeños para estar conectados a Internet en la noche. En esos casos, una llamada telefónica frecuente puede ser igualmente positiva.

"Yo llamaba cada noche si podía", dice un padre. "Con mi calendario de trabajo (autoempleado), eso no es siempre posible. Pero probablemente llamo al menos tres noches por semana, y a veces más. Me encanta oír el sonido de las voces de mis hijos, aunque no tengan mucho que decir."

Enviar una tarjeta o una nota personal generalmente funciona, a menos que el padre que tiene la custodia tenga el mal hábito de interceptar el correo de los niños. Un padre que no tiene la custodia envió tarjetas a sus hijos durante varios meses antes de descubrir que en realidad nunca llegaban a los niños. Su ex esposa abría su correo, quitaba las tarjetas, y a veces tiraba a la basura sus notas personales antes de que sus hijos llegaran a recibirlas.

Pero siempre que sea posible, los padres que no tienen la custodia deberían comunicarse con sus hijos. Manténgase en contacto. Permanezca tan informado como sus hijos se lo permitan. Compórtese con interés pero no sea "entrometido." Aprenda a hacer preguntas abiertas, el tipo de preguntas que pueda conducir a conversaciones más largas y respuestas detalladas.

2. Exprese su amor con claridad y frecuencia

Para los padres sin la custodia de sus hijos, otro desafío es mantener la profundidad y la calidad de su relación con sus hijos. Cuando los fondos son limitados, y cuando las oportunidades de visitarlos son pocas y alejadas entre ellas, pueden sentirse impotentes, incapaces de expresar plenamente lo que hay verdaderamente en sus corazones.

"Mis hijos miden el amor en tiempo y dinero", suspira un padre, "¿y saben qué? No tengo ninguna de esas cosas. No es extraño que yo no les guste mucho."

Aunque la percepción de este padre sea probablemente inexacta, su ansiedad es algo familiar y común. Muchos padres sin la custodia viven con presupuestos muy limitados. Enviar a sus hijos regalos extravagantes está fuera de la cuestión. Para otros, simplemente regresar de una visita agota los recursos disponibles. No hay bastante dinero restante para hacer algo "divertido" durante los tiempos de visita.

Lo que importa, están de acuerdo consejeros y terapeutas, es expresar su amor por sus hijos con claridad, coherencia y adecuadamente, y con frecuencia. Si no tiene usted mucho dinero, no necesita fingir lo contrario. Si no puede visitarlos con mucha frecuencia, no dé esperanzas a sus hijos haciendo promesas que no puede cumplir.

En cambio, permita que sus hijos sepan que usted los quiere. Dígaselo. Que sepan que está usted orgulloso de ellos, y sea concreto en cuanto a los motivos. Elógielos por sus logros; elógielos por cosas que estén haciendo bien. Si no puede comprarles algo, hágales algo. Aun si no utilizan, se ponen o les gusta mucho el regalo, aun así usted les ha enviado un mensaje de afecto y amor, solo por hacerles un regalo.

Los niños son buenos para saber cuándo son queridos. Sus receptores internos son notablemente buenos para detectar la falta de sinceridad, de exactitud y de un interés falso. Si su corazón está lleno de amor y afecto por ellos, ellos probablemente se darán cuenta, pero siga diciéndoselo de todos modos. Como el padre más "distante" o al menos el que tiene menos acceso a sus vidas cotidianas, haga el esfuerzo por asegurarse de que sus hijos le oigan expresar su amor por ellos.

"Ya lo sé, papá", puede que suspiren o que eleven la mirada. De todos modos, siga diciéndoselo. Dígaselo hasta que ellos lo hayan oído con tanta frecuencia que se filtre a sus conciencias, donde probablemente sigan sufriendo por la pérdida de su unidad familiar original e intacta. Sin importar cuál haya sido su historial familiar, deje que sus hijos sepan que su amor por ellos es permanente y para siempre.

3. Haga muy pocas promesas, y cúmplalas todas

Es tentador, cuando quiere impresionar a sus hijos o manipularlos para gustarles, hacer promesas extravagantes sobre el futuro.

Ya sea que les diga que les comprará una bicicleta o que regresará la semana siguiente, sus hijos le estarán escuchando. Aunque puede que usted no exprese esos pensamientos como promesas de verdad, los niños tienden a oírlos de esa manera.

Cuando una nueva bicicleta no llega, ellos se sienten heridos y enojados. Cuando papá no regresa la semana siguiente, ellos se sienten abandonados.

Tenga cuidado de cómo habla. Pronunciar buenas intenciones puede parecerle útil, pero puede que tenga exactamente el efecto contrario en sus hijos. Al pronunciar lo que usted espera hacer, o desearía poder hacer, está dándoles esperanzas. Ya heridos y estresados por la ruptura de su familia, los niños no están en posición de que sus esperanzas sean destruidas y sus expectativas no cumplidas.

Las promesas rotas —aun si esas afirmaciones no fueron técnicamente un compromiso por su parte— dañan a sus hijos y debilitan su respeto por usted. Las promesas cumplidas—aún las pequeñas— tienen el efecto contrario: felicidad.

"A menos que tenga un accidente en la autopista, estaré aquí el próximo domingo", le dice a menudo un padre a su hija.

"No hables así, papá", le dice ella con frecuencia.

Aunque él finalmente cambió sus palabras con tal de que su hija no tuviera temor de perderlo en un accidente de auto, él trataba de comunicar una sencilla verdad: a menos que suceda algún tipo de catástrofe importante, estaremos juntos otra vez muy pronto sin duda.

La hija entendió el mensaje. Su padre estaba haciendo una promesa de que nada —al menos nada que no fuera un problema realmente grande— podría mantenerlos alejados.

Hacer promesas y cumplirlas pone una manta de seguridad alrededor de los asustados bordes de los corazones de sus hijos. Aun si no puede usted estar con ellos diariamente, puede establecer una verdad tranquilizadora acerca de usted mismo: cuando usted dice algo, lo dice de verdad. Cuando usted promete algo, lo cumple.

No puede haber manera más eficaz para un padre sin la custodia de ganarse la confianza y el respeto de sus hijos que la de hacer pocas promesas —cuidadosamente— y luego cumplirlas, sin excepción.

Los niños observan cuándo cumplimos y los honramos cuando decimos que lo haremos. Los niños observan cuándo los amamos y mantenemos nuestra palabra.

4. Coopere con el padre que tiene la custodia, aun si no le gusta

Con frecuencia, expresamos así la frase, simplemente para darle efecto.

Muchos padres sin la custodia, a pesar de que aman profundamente a sus hijos, prefieren evitar todo contacto con su ex pareja. Quizá las heridas estén aún demasiado recientes; quizá el problema sea el resentimiento hacia la ex pareja por tener la bendición y el privilegio de la custodia.

Nadie le está pidiendo que invite a cenar a su ex pareja, que le haga un regalo o que le colme de afecto. Sin embargo, la simple cortesía y la decencia normal hacen mucho para suavizar las relaciones. Con frecuencia, son los detalles: llegar a tiempo a sus citas; llegar a tiempo cuando lleva de regreso a los niños; entender bien los detalles; recordar si tiene que darles algún medicamento, hacer algún recado o recoger a personas.

Cada vez que usted se comporte con responsabilidad en sus tratos con su ex cónyuge, está enviando un mensaje de respeto y cooperación. Por el contrario, cada vez que llegue tarde, se olvide de cosas o no sea cooperador, demuestra usted una falta de respeto que su ex pareja sin duda observará.

A pesar de lo mucho que desee algún tipo de "venganza" hacia su ex pareja, piense con cuidado antes de utilizar tácticas de retraso, de fingir olvidar algo o, por otro lado, expresar su frustración a su anterior cónyuge. Después de todo, ¿quiere usted realmente aislar a la persona que proporciona el cuidado principal de sus hijos? ¿O preferiría tener una buena relación con ese vigía, de modo que el acceso a sus hijos sea más fácil y se otorgue con más facilidad?

Sea diplomático. Si los gobiernos extranjeros y los enemigos declarados pueden pensar en cómo comer juntos y ser amables los unos con los otros estando en el mismo espacio, sin duda que usted será civilizado y cooperativo con su ex pareja.

Si puede hacerlo con éxito, sus hijos se beneficiarán. Ellos tendrán acceso a su padre y a su madre, y no solo a uno de ellos. Usted se beneficiará: pasará tiempos más sencillos y agradables con sus hijos. Y su ex pareja se beneficiará: sentirá que usted la respeta y le respetará más a usted a su vez.

Consejos para padres sin la custodia

Ya que el tiempo que usted pasa con sus hijos puede que sea limitado, es sabio pensar con cuidados en cuál es su reputación ante ellos. El siguiente es un rápido repaso de las mejores ideas para aumentar su influencia en sus hijos, aun si no tiene usted el tiempo, el dinero y el acceso que tan profundamente quiere compartir con ellos.

1. *Comuníquese, comuníquese, comuníquese*. Si tiene usted acceso a la nueva tecnología, como enviar mensajes instantáneos en línea o mensajes de texto a teléfonos celulares, hágalo. Si sus hijos son más pequeños o si la tecnología es limitada, llámelos cuando pueda. Envíe tarjetas, notas y cartas. Los sellos para tarjetas son baratos. Deles evidencia visible de su interés por ellos: ¡comuníquese!

2. *Exprese su amor con claridad y frecuencia*. Los padres sin la custodia a veces quieren "arreglar" a sus hijos y corregir malas conductas durante los breves tiempos que pasan juntos. Aunque ese puede que sea un papel paternal adecuado, asegúrese de mostrar su amor a sus hijos. Esté orgulloso de ellos y dígaselo. Elógielos a menudo y concretamente. Deje que su amor se muestre claramente, en voz alta, adecuadamente y con frecuencia. Hable y elogie a sus hijos.

3. *Haga muy pocas promesas, y cúmplalas todas*. Sus hijos están escuchándolo. No les dé esperanzas hablando de sus buenas intenciones y deseos. Puede que ellos oigan esas cosas como "promesas" aun si no es esa la intención de usted. Tenga mucho cuidado a la hora de hacer promesas; y cuando haga una promesa, remueva cielo y tierra para mantener su palabra. Sus hijos observarán si es usted confiable, y su respeto por usted aumentará.

4. *Sea amable con el padre que tiene la custodia, el "vigilante."* Muestre respeto hacia su ex pareja al llegar a tiempo, llevar de regreso a los niños al lugar acordado, recordar medicinas y sus compromisos, y al ser responsable en general. Hable positivamente y cooperativamente con su ex pareja y acerca de ella. Todos salen ganando cuando se tratan el uno al otro con respeto. Como el padre que no tiene la custodia, usted es quien más tiene que ganar; o perder.

Capítulo siete

Bienvenido a mi estrés: Educar a adolescentes

EL ENOJO Y EL DOLOR DE LOS AÑOS DE ADOLESCENCIA CON FRECUENCIA SE INTENSIFICAN COMO UNA RESPUESTA AL DIVORCIO

¡El nuevo novio de mi mamá es realmente dulce!
Él me llevó de compras el pasado fin de semana y me compró
un montón de ropa nueva. Es mucho más fácil estar alrededor de Fred
que de mi papá. Mi papá siempre está enojado por algo.
—Brittany, 13 años de edad, hija de divorciados

Pablo y Lisa tuvieron una hija durante su década de matrimonio. Se divorciaron justo antes del noveno cumpleaños de Madelin.

"Teníamos la custodia compartida, y funciona bastante bien", es como recuerda Pablo los primeros años de su divorcio. "Yo tenía a Madelin una semana. Lisa la tenía la siguiente. Los viernes eran nuestros días de negociar. Los dos vivíamos a distancia de ir conduciendo a la escuela de Madelin, así que eso no fue un problema."

Ni Pablo ni Lisa se volvieron a casar al principio. Los dos tuvieron cuidado de mantener sus "intereses románticos" lejos de la joven hija que tenían en común. "Creo que Lisa probablemente estuviera teniendo citas, y a veces yo también —admite Pablo—, pero también creo que los dos tratamos de ocultar a nuestras parejas de Madelin tanto como pudimos. Yo tendía a tener 'vida social' durante las semanas en que no tenía la custodia. Hasta donde yo sé, Lisa también era cuidadosa de ese modo."

De alguna manera, el divorcio funcionó mejor que el matrimonio. Los desacuerdos de envergadura eran raros. Tanto Pablo como Lisa tenían buenos empleos; de modo que las típicas luchas por dinero o sostén de su hija no sucedían.

"Yo pagaba lo que debía, y además daba mucho más que eso", dice Pablo. "Ninguno de nosotros queríamos ser tacaños con nuestra hija. Queríamos que ella tuviera la mejor vida que pudiéramos darle sobre todo, ya que habíamos dividido a su familia."

Las cosas fueron razonablemente bien hasta que Madelin comenzó la transición a la adolescencia. De repente, su hija ya no quería estar con él. Él estaba confuso y defraudado.

"No noté el patrón al principio", recuerda Pablo. "Madelin siempre me daba excusas válidas para no poder venir conmigo: una reunión de animadoras, algunos partidos 'fuera' donde tenía que animar. Siempre había una buena razón para no poder verme. Ella era muy amable al decirlo, y yo al principio no noté que básicamente había dejado de venir a mi casa."

Cuando él reconoció la tendencia, confrontó a su hija. Es una elección que aún lamenta haber hecho.

"¡Ella simplemente estalló contra mí!", exclama él, suspirando. "Comenzó a gritarme y decirme que sus razones (para no venir) eran completamente personales. Luego comenzó a hablar de lo difícil que es estar todo el tiempo de un lado a otro, de un lado a otro. Yo podía decir que ella estaba a la defensiva; no podía imaginar lo que yo había dicho o hecho que desencadenara tal estallido emocional. Ella estaba enojada, y siguió así. Nuestra conversación terminó mal."

"No sólo eso, pues un día después, Lisa me llamó, toda triste, y me gritó por haber sido mezquino con nuestra hija. Supongo que Madelin le había hablado de ellos, y entonces las dos estaban furiosas conmigo."

Pablo sabía que lo había estropeado todo, pero no sabía qué había hecho mal. "De todos modos, yo visitaba a un consejero por otros asuntos —explica—, así que decidí utilizar parte de mi tiempo de consejería para explorar todo este asunto de que Madelin ya no quisiera venir a mi casa."

El consejero indicó a Pablo direcciones útiles.

Él dejó transcurrir algunas semanas, y luego invitó a su hija a cenar, no en su casa, sino en el restaurante que ella eligiera. Pasó la mayor parte de la cena escuchando, no hablando, sin intentar forzar la conversación hacia sus propios asuntos. Finalmente, muy avanzada la cena, después de que se hubieran reído juntos y de algún modo estuvieran relajados, él planteó algunas preguntas.

"Esa vez Madelin no estaba a la defensiva", recuerda Pablo. "Esa vez ella confió en mí y en mis motivos. O quizá simplemente la agarrara en un buen día."

Lo que Pablo aprendió fue que su hija adolescente "simplemente ya no se sentía cómoda" en su casa. Ella no pudo, o no quiso, explicar lo que quería decir. Pablo regresó al consejero con esa información, esperando algunas respuestas útiles.

"Sentí que la había perdido para siempre, como si yo ya no fuera importante en su vida."

El consejero ayudó a Pablo a desvelar algunos de los misterios. "Mientras yo estaba trabajando, Madelin a veces rebuscaba y miraba entre mis cosas. Ella a veces encontraba ropa de mujer o cosas personales, así que sabía que alguien me había 'visitado'. A veces, encontraba revistas de hombres —nada realmente malo, sólo cosas de hombres—, y eso le molestaba. Supongo que la combinación de esas cosas hizo que mi casa fuera de algún modo menos cómoda para ella, hizo que quisiera pasar menos tiempo allí. Ella comenzó a preguntarme si podía vivir en la casa de su mamá permanentemente."

En el caso de Pablo y Lisa, aunque un tribunal había declarado la custodia compartida y aunque ambas partes estaban en acuerdo, nada de eso importaba. Madelin, por elección propia, simplemente ignoró el acuerdo de custodia y decidió que quería quedarse con su mamá la mayor parte del tiempo.

Las visitas a su padre fueron cada vez menos y más alejadas entre ellas. Pablo estaba destrozado.

"Especialmente durante sus dos últimos años de instituto, yo estaba destrozado por 'perder' a mi hija", recuerda. "Sentí que la había perdido para siempre, como si yo ya no fuera importante en su vida. Me deprimía con facilidad, y me quedaba deprimido durante largos periodos de tiempo."

¿Qué cambió, si es que hubo algo?

"Nada en absoluto, hasta que Madelin fue a la universidad", explica Pablo. "De alguna manera, ese fue el comienzo de una nueva relación con ella. De hecho, cuando regresó de la universidad, comenzó a escoger venir a mi casa en lugar de a la de su mamá."

"Su madre se puso algo celosa de eso, ¿pero qué podía decir ella? Después de todo, ella tuvo la mayor parte de los años de instituto a Maddie, toda para ella. Finalmente, ahora que Madelin ya era adulta, parecía como si estuviera llegando mi turno de ser el padre principal. Yo estaba contento por cualquier cosa que estuviera sucediendo."

Pablo sentía mucha curiosidad por el cambio de preferencia de su hija. Al hacerle buenas preguntas y escuchar calladamente sus respuestas, más adelante supo al menos parte de lo que estaba haciendo que Madelin alterara sus hábitos.

"Cada vez que voy a casa (de mamá)", suspiró Madelin un sábado en la noche durante una visita de fin de semana. "Ella me hace todo tipo de preguntas sobre chicos, sobre relaciones, sobre mi vida personal. Estoy muy cansada de ser interrogada todo el tiempo. ¡Simplemente odio eso!"

Como contraste, era obvio que el estilo de su padre, tranquilo y aceptador, sin hacerle las preguntas entrometidas, causó un impacto en su hija de edad universitaria. Pablo "recuperó" el corazón de su hija simplemente al aceptarla, estar agradecido por el tiempo que pasaban juntos, y no molestarla acerca de su vida sexual y sus hábitos de citas amorosas.

Aunque tenía mucha curiosidad —en especial acerca de su "vida social" y sus hábitos con los hombres—, Pablo enseguida comprendió que al esperar que Madelin se abriera y se revelara a sí misma, él se enteraría de más cosas que si la presionaba con preguntas intensas y detallada investigación.

¿Una receta a seguir por otros? Quizá en algunas situaciones, mientras se manejan los desafíos y el estrés que son normales al tratar con adolescentes.

Pelear o huir

Los consejeros de adolescentes y familias tienden a estar de acuerdo en que "relajarse" puede ser una estrategia más eficaz con adolescentes más mayores y con hijos e hijas en edades universitarias. A medida que ellos comienzan a construir un válido y útil sentimiento de independencia de sus padres, es típico de los adolescentes más mayores que se resientan a las preguntas de los padres y se rebelen contra sus intentos de controlar. A medida que esas personas cada vez más independientes aprenden al escoger y experimentar, lo mejor que pueden hacer los padres es orar, esperar y estar disponibles para ser consultados como consejeros.

Mientras tanto, con adolescentes más jóvenes, relajarse puede enviar el mensaje incorrecto. Con adolescentes jóvenes, insisten los consejeros familiares, puede haber una constante exploración de límites, con los adolescentes mismos esperando encontrar que los límites están firmemente en su lugar. Aun si prueban los límites y se quejan mucho por las reglas, los adolescentes más jóvenes tienden a encontrar seguridad dentro de límites bien definidos acerca de la familia y la conducta personal.

Esos patrones no se aplican meramente dentro de un escenario de divorcio, sino que pueden intensificarse y moverse hacia el extremo. Un adolescente que esté "explorando" de todos modos, puede terminar "más alejado" como una respuesta enojada o confusa a la ruptura de su familia. Un adolescente que ya sea hosco y huidizo, que raramente se comunique con otros miembros de su familia, puede entrar en "modo silencioso", escogiendo no hablar con nadie en absoluto.

Es común que algunos adolescentes encuentren refugio pasando todo su tiempo durmiendo. Los padres que tienen la custodia, preocupados de que algo ande mal con sus hijos, hablan a los consejeros familiares de las noticias de los hábitos de sueño de sus hijos: llegar a casa de la escuela, comer algo, y luego irse a la cama.

"Ella se va directamente a la cama cuando llega a casa de la escuela, se levanta para cenar —o no lo hace, varía—, y luego vuelve a dormir —se quejó una mamá divorciada al consejero." "¿Qué anda mal en mi hija?"

Mientras que muchos padres alegremente aceptarían un "problema" como el que sus hijos adolescentes escogieran dormir demasiado, los padres que experimentan este fenómeno pueden estar muy preocupados y ansiosos.

Tales padres no siempre tienen que preocuparse. Escoger dormir toda la tarde y la noche es una respuesta bastante común a un periodo estresante de la vida —como la secuela de un divorcio o la transición a una nueva escuela o un nuevo ambiente social— la cual desafía o asusta al adolescente. Como una manera de simplemente no tratar con una realidad que da miedo, algunos adolescentes escogen dormir.

Con la ayuda de un consejero familiar, una mamá divorciada pasó de la ansiedad y el estrés a aceptar con gratitud los hábitos de sueño de su hija. El consejero ayudó a la preocupada madre a comprender varias cosas: primero, su hija estaba segura en su hogar; segundo, los hábitos alimentarios de su hija parecían normales; tercero, su hija estaba durmiendo sola (no con una pareja).

"¡Aun así no parece correcto!", insistía la madre. Sin embargo, esperando y observando, esa mamá vio a su hija —después de casi todo un curso escolar de dormir todo el tiempo— regresar gradualmente a sus anteriores hábitos y un ciclo de sueño más normal. El retorno a patrones típicos fue un síntoma externo de que ella estaba realizando los necesarios ajustes internos al estrés y los desafíos de la vida.

Los niños y los adolescentes que experimentan la ruptura de su familia pueden responder de formas muy distintas, actuando por temor, enojo y estrés de maneras que encajan con su propia personalidad y temperamento. Aunque puede que haya conductas y patrones que necesiten ser confrontados, también puede haber veces en que los padres simplemente necesiten dar un paso atrás, orar y esperar.

En el caso de Pablo, el desafío de perder a Madelin le hizo estar más agradecido cuando ella finalmente regresó a una relación más profunda y más satisfactoria con él. Aunque él sentía que había perdido los mejores años de su hija, descubrió en cambio que él compartió con ella las elecciones, desafíos y decisiones que moldearon su entrada en la madurez.

Aunque no es un intercambio que él realizó conscientemente, Pablo está agradecido de no haber terminado perdiendo el afecto de su hija permanentemente. Por el contrario, al seguir estando disponible, se convirtió en el consejero que ella prefería más adelante en la vida.

¿Tendría Pablo consejos para otros papás divorciados que podrían estar experimentando un sentimiento similar de distanciamiento o separación de sus hijas adolescentes?

"Bien, aclarar la forma de actuar de uno no haría daño", admite. "Yo debí haber comprendido que tener aquellas revistas por mi casa no era algo positivo. Y cuando tenía visitas de mujeres en mi casa, debí haber comprendido que Madelin podría encontrar algunas de sus cosas."

"Desearía haber manejado las cosas de modo diferente cuando Madelin era más joven, porque realmente perdí algunos años de su vida en aquella época. Simplemente, estoy contento de que ella regresara más adelante, y hasta decidiera que prefería mi casa a la de su mamá. Hoy día, tenemos una relación positiva, sólida y saludable. Casi ya no soy su padre; realmente soy más un igual."

Edificar una relación para el futuro

El esposo de Cari, una cristiana comprometida y que asistía a la iglesia, se divorció de ella tras 14 años juntos y tres hijos. Los tribunales le concedieron a ella la custodia, a lo cual su esposo no se opuso.

Unos meses después, el patrón de educación era parecido a lo siguiente: Cari era quien ponía las reglas, quien fijaba los límites, y la madre batallaba para llegar a fin de mes económicamente. Su ex esposo era el hombre generoso, el que gastaba mucho, cuyo lema parecía ser: "fiesta, fiesta, fiesta" cuando él tenía a los niños durante un fin de semana o un viaje especial.

"Yo estaba muy celosa de él, y muy furiosa con él", admite Cari. "Él básicamente estaba comprando el afecto de los niños, ¡y funcionaba! A ellos siempre les encantaba estar con su papá; ¿y a quién no? Él era 'el señor Divertido' para ellos."

Mientras tanto, era mamá quien constantemente ponía las reglas, comprobaba las reglas, y hacía cumplir las reglas. Si papá era "todo diversión", entonces mamá se sentía "nada divertida" gran parte del tiempo. Sin embargo, ella no estaba dispuesta a abandonar a sus hijos al tipo de enfoque sin disciplina y sin límites que su ex esposo parecía favorecer.

A medida que sus hijos comenzaron a llegar a sus años de adolescencia, el estilo de educación de Cari comenzó a cambiar. Por un lado, ella descubrió que sencillamente no tenía la energía para perseguir a tres hijos —adolescentes y preadolescentes— por la casa durante todo el día, comprobando todo para asegurarse de que cada uno se comportara adecuadamente. Ella trabajaba fuera de casa, a veces regresaba agotada, y también envejecía más, una combinación que hacía que se sintiera cansada, agotada y quemada muchas noches.

Sin leer ningún libro sobre educar a adolescentes, y sin ver a ningún consejero para obtener sabios consejos, Cari emergió a un estilo de educación distinto al igual que sus hijos estaban emergiendo a sus años de adolescencia. Fue una bendita y tranquila combinación de agotamiento y etapa de la vida: una confluencia de la energía perdida de una madre y los mayores niveles de energía de tres activos y ruidosos adolescentes y preadolescentes.

"Sencillamente, no podía sacar tanto tiempo ya", dice Cari, interpretando los cambios que ella hizo y las razones de esos cambios. "No tenía la energía para jugar a ser la policía de tres hijos muy activos (en aquel entonces de 15, 12 y 10 años de edad). Realmente no tomé una decisión consciente. En cambio, me encontré a mí misma como guardando mi propia energía y mi propia salud emocional. Tenía que hacerlo; si cuidaba de mí misma, ¡nadie más lo haría!"

Es descubrimiento accidental o divinamente inspirado de Cari destaca un sabio enfoque en la educación de adolescentes, en especial para madres y padres divorciados. Ella comenzó a realizar la transición de una figura de autoridad supervisora —apropiada y útil para niños más pequeños— a una persona adulta que se interesaba y que le ahorró su "energía de lucha" para las ocasiones en que más se requerían.

"Quedé totalmente sorprendida cuando mi hija y yo finalmente nos hicimos amigas", recuerda Cari. "Habíamos peleado mucho cuando ella era más joven. Cuando Kayla tenía quizá 12 ó 13 años, creo que peleamos durante un año entero. ¡Lo único que hacíamos era pelearnos! Parecía como si lo único que yo hiciera fuera gritarle, y ella me respondía también con gritos. Creo que ella me odiaba —decía que me odiaba—, pero yo no estaba preparada para cambiar las reglas o dejar de interesarme por su vida."

Cari se queda pensando por un momento. "Ya fuese que yo cambié mi estilo o que ella creció, de algún modo nos convertimos en buenas amigas, justamente cuando yo menos lo esperaba. Y no fue porque yo dejara de interesarme o hacer cumplir las reglas; fue porque yo comencé a retirarme en cuanto a las cosas pequeñas y sólo me implicaba cuando surgía algún asunto importante.

"¡No tenía las fuerzas que permitir que todo se convirtiera en un asunto importante!"

Escoja sus batallas con cuidado

Aunque nadie está sugiriendo que a los adolescentes habría que darles pocos o ningún límite acerca de la conducta que es aceptable, los ocupados padres divorciados harán bien al decidir, con cuidado y por sí mismos, cuáles serán sus verdaderas prioridades, las cuales pueden variar con cada adolescente, según el temperamento, personalidad y estilo de aprendizaje únicos de cada uno de ellos.

"En realidad, nosotros hicimos eso por escrito", dice Angelina, una mamá divorciada que volvió a casarse, compartiendo la custodia de sus hijos con un nuevo esposo. "Paco y yo salimos a desayunar un sábado, e hicimos breves listas de lo que tratábamos de lograr con cada uno de los niños. En aquel entonces, teníamos a uno en el instituto y a dos en secundaria. No hacíamos esas listas cada sábado, obviamente; probablemente lo hiciéramos unas tres o cuatro veces al año. Pero varias veces al año nos sentábamos allí tomando café y huevos, pensando en cada uno de los niños, decidiendo qué tipos de cambios queríamos ver, y ayudar a realizarlos a cada uno de nuestros hijos."

Angelina y Paco decidieron, por ejemplo, no discutir con ninguno de sus hijos adolescentes acerca de la ropa. Aunque la mayoría de los padres puede que no estén preparados para dejar todo comentario sobre el precario tema de los códigos de la ropa y los complementos, esa elección fue deliberada para Angelina y Paco. Con esa decisión unida, ellos se ahorraron numerosas batallas en casa.

"A mí no me gustaba cómo se vestía la hija de Angelina", admite Paco. "Para mí, ella parecía una mujer fácil. Ella no llevaba un estilo de vida promiscuo, hasta donde nosotros sabíamos, pero llevaba ropa que la hacía parecer que lo hacía, al menos para su mamá y para mí. Pero cuando consideramos detenidamente las dos o tres áreas más importantes en las que queríamos ver mejoras en Elena, ambos comprendimos que cambiar su aspecto exterior no estaba entre esas tres áreas."

Por tanto, ¿cómo era esa lista de "las tres principales" en aquella etapa de la vida de Elena?

"Puede que aún tenga la lista", se ríe Angelina. "Guardé muchas de esas cosas, hasta con manchas de café en algunas de las páginas, porque hemos visto obrar a Dios de maneras sorprendentes en cosas de esas listas."

Su lista de esas tres áreas principales de aquella ocasión contenían las siguientes metas para Elena, de 16 años, hija de Angelina:

* una mayor autoimagen y autoestima
* mejores calificaciones en la escuela
* al menos un nuevo buen amigo del grupo de jóvenes

"No les enseñábamos esas listas a nuestros hijos", dice Angelina, "pero tomábamos esas listas y las usábamos para orar por los niños, y también para ayudarnos a decidir dónde íbamos a dirigir nuestras energías, sobre la base de caso a caso y niño a niño. Tener las listas nos ayudaba a pensar dónde queríamos realmente enfocar nuestras oraciones, nuestro tiempo y nuestras energías."

¿Vieron ellos éxito de alguna de las listas? ¿Pueden señalar algún punto?

"Bien, ya que estamos hablando del modo de vestir de Elena", menciona Angelina, "veamos ese punto. Como dijimos, ni siquiera lo pusimos en la lista para ella; decidimos que teníamos algunas prioridades más elevadas."

"Unos seis meses después de enfocar nuestras oraciones a la autoimagen de Elena, a sus calificaciones escolares, y al menos a que tuviera una nueva amiga en la iglesia, ella transformó su 'look' por completo; y nosotros no la habíamos presionado, ni le gritamos sobre eso, ni una sola vez.

"Lo que sucedió fue que ella sí que desarrolló nuevas amistades en el grupo de jóvenes, y gradualmente comenzó a tener un aspecto más similar al de ellos y a vestirse más como ellos. Había dos muchachas en particular: las dos vestían con más modestia que Elena en aquella época. No sé si hablaron con ella o si dijeron algo; sólo sé que Elena gradualmente cambió su modo de vestir. La ropa que solía preocuparnos tanto, cuando ella salía de la casa, pues, la regaló toda."

Paco interviene con un comentario. "Eso no es exactamente éxito de nuestras listas", sonríe. "Después de todo, ¡eso ni siquiera estaba en nuestra lista para Elena!"

Angelina está de acuerdo. "Tienes razón —le dice a Paco—, ¿pero no crees que quizá la respuesta de Dios a nuestras oraciones por que tuviera una amiga en la iglesia, y las respuestas de Dios a nuestras oraciones por una mayor autoestima en Elena, pudieran haber ayudado a cambiar su modo de vestir?"

"Buen punto —responde Paco—, y también estoy contento de no haberle gritado durante aquellos años. No podía soportar su forma de vestir, pues me recordaba a las 'mujeres trabajadoras' que veía durante mis días en el ejército. Realmente estaba enojado por tener una nueva hija que se vestía de ese modo, pero Dios y Angelina evitaron que expresara ese enojo del modo en que lo hubiera hecho. En lugar de gritarle por ello, Angelina y yo comenzamos a orar por cosas que eran más importantes; y por la razón que fuera —no podemos tomar el mérito, y no sabemos cómo sucedió—, Elena cambió su aspecto."

Paco baja su vista. "Si yo le hubiera gritado, ella podría haber seguido vistiendo de ese modo. Podría haberme salido mal. Yo nunca antes había sido el padre de una muchacha adolescente, y no es que se me diera muy bien."

Angelina lo ve de modo distinto. "Paco era firme y estable. Nuestros hijos sabían que podían contar con él. Después de la locura y lo impredecible de su papá, lo que Paco trajo a nuestra familia fue calma. Paco es una roca, y nuestros hijos necesitaban algo así, sobre todo en aquel entonces."

Al escoger sus batallas con cuidado, y al centrarse en las metas más importantes que tenían para cada uno de sus hijos, Paco y Angelina fueron capaces de observar cómo Dios producía cambios positivos en la vida de sus hijos adolescentes. "No todo cambió", suspira Angelina. "No vimos cambios automáticos y rápidos en nada. No fue así; pero sí que vimos a Dios obrar. Y vimos que sucedieron muchas de las cosas que había en nuestras listas."

"Dios es bueno", dice Paco concisamente.

Intercesión: desatar el poder de Dios mediante la oración

En ciertos aspectos, ver a Dios lograr un cambio en sus hijos adolescentes es muy similar a ver a Dios hacer cambios en la vida de un adulto a quien conoce en el trabajo o dentro de su círculo familiar. Ya que usted no tiene el control de ese adulto, sus opciones no incluyen supervisar, manejar y realizar cambios en las acciones, pensamientos, conductas y elecciones de la otra persona.

Dada esa realidad, ¿qué opciones quedan?

Lo primero de su lista debería ser la oración. Cuando ora usted por otros adultos, Dios obra al menos en dos esferas de influencia: su propio corazón y el corazón y la vida de la otra persona. Dios escoge cambiar el mundo, y los corazones de los seres humanos, mediante el poder de la oración.

Orar por sus hijos adolescentes —de modo regular, concreto, dirigido hacia metas que usted haya establecido o comprendido— puede ser la cosas más poderosa que puede usted hacer si su meta es ver que se produzca una transformación. La oración libera el poder sobrenatural de Dios para invadir misericordiosamente la atención y la vida de otra persona.

> **A medida que enfoque usted sus esfuerzos y sus energías en la oración intercesora, tendrá un asiento en primera fila en el auditorio de la gracia transformadora de Dios.**

Mientras que la oración ni es un "arreglo rápido" ni una "respuesta automática", sí que comienza a transformar sus propios pensamientos y opiniones acerca de las personas por quienes usted ora. Si está usted enojado con sus hijos adolescentes, frustrado por su falta de respuesta, o molesto por sus frecuentes actos de rebelión, puede que vea que su corazón se suaviza hacia ellos cuando ora, noche a noche o mañana a mañana, por cada uno de ellos.

Si está usted deprimido por la conducta de sus hijos adolescentes y siente que ha fracasado como madre o padre; si se pregunta si el divorcio los ha arruinado para siempre; puede que encuentre un sorprendente optimismo emergiendo en su propio corazón a medida que ora. Dios es lento para dejar a las personas, lento para abandonar a alguien y seguir adelante con otra cosa. Puede que comience usted a ver una transformación gradual pero certera en el carácter y los valores de sus hijos. Puede que también observe la misma transformación en usted mismo.

Si se ha vuelto usted a casar, o si tiene acceso a un buen amigo espiritual, tomen tiempo para orar juntos, adulto con adulto, por las necesidades de sus hijos. Hacer eso con otra persona les permitirá orar por los hijos de cada uno de maneras claras, concretas y tangibles, invitando a Dios a obrar visible y directamente en sus vidas.

Afortunadamente para todos nosotros, incluyendo a los padres de adolescentes que están divorciados, Dios se deleita en oír y responder las oraciones de sus hijos. A medida que enfoque usted sus esfuerzos y sus energías en la oración intercesora, tendrá un asiento en primera fila en el auditorio de la gracia transformadora de Dios. Ya sea rápidamente o lentamente, al mismo tiempo o en un largo periodo, verá usted a Dios responder sus oraciones, a veces de maneras sorprendentes y dramáticas.

Si solamente puede darles un regalo a los adolescentes que hay en su vida, déles el regalo de un padre o una madre que oran. Una mamá que intercede —un papá que ora— pueden marcar la diferencia a medida que un niño navega por las desafiantes aguas de la adolescencia.

Agarrar o soltar: consejos para padres de adolescentes

Tenga en mente que ser la mamá o el papá de un adolescente ¡probablemente elevará su presión arterial unos cuantos grados! Tendrá usted muchas oportunidades de experimentar frustración, desengaño y resentimiento, y sus hijos adolescentes estarán experimentando esas mismas cosas.

En edades más tempranas, los límites importan

Los preadolescentes y los adolescentes jóvenes se benefician de tener límites establecidos. Cuando un padre de repente se relaja o deja de interesarse por las reglas, eso confunde y desorienta al adolescente a la vez que él o ella batallan por encontrar una independencia apropiada.

Establezca estándares claros para la conducta, comunique sus valores de modo coherente, y compruebe el paradero de sus hijos adolescentes, sus amistades y sus hábitos cuando están en línea. Usted los estará ayudando al seguir implicado y al mantener sus estándares. Aun si su hijo adolescente se queja, los expertos están de acuerdo en que él o ella estarán agradecidos por tener esos límites.

*Con adolescentes mayores,
aléjese un poco a la vez que sigue interesado*

Los adolescentes más mayores están en ruta hacia la madurez. Muchos de ellos necesitarán aprender por medio de sus propias experiencias, incluyendo experiencias que usted preferiría que evitaran. Comprenda que no puede usted comprobar o controlar cada aspecto de la conducta de un adolescente mayor, es especial una vez que él o ella tengan licencia de conducir, tengan un empleo regular, o se vayan a la universidad.

¡Eso no significa cambiar sus valores! Puede usted seguir comunicando sus propias creencias, valores y esperanzas. Si cometió usted errores cuando tenía la edad de ellos, puede que este sea un buen momento para admitirlos ante sus hijos adolescentes, explicando dónde y cómo se equivocó usted y cuáles fueron las consecuencias. Sea vulnerable y abierto, no "dado a sermonear."

Los adolescentes más mayores estarán observando el modo en que usted vive realmente mucho más que escuchando lo que usted recomienda. Si tiene usted un estilo de vida sexualmente activo —si bebe alcohol en eventos sociales y para relajarse—, puede esperar que sus hijos adolescentes sigan su ejemplo en lugar de escuchar su consejo. Los adolescentes más mayores buscan coherencia. Cuando una madre o un padre envían un mensaje, pero viven otro, ellos observan la diferencia.

Escoja sus amistades con cuidado. En lugar de discutir con los adolescentes más mayores sobre sus gustos musicales, ropa, entretenimientos, etc., déles más libertad en esas áreas a medida que vayan creciendo. Establezca la menores reglas posibles, pero haga cumplir esas reglas con claridad y coherencia; de otro modo, sus límites no tendrán sentido.

Ahorre su energía para las cosas que más importan: aprenda a pasar por alto los asuntos menos importantes a fin de poder invertir su fuerza donde más se necesite.

Permita que los padres biológicos establezcan límites y hagan cumplir reglas

Cuando una persona divorciada vuelve a casarse, él o ella puede que esperen obtener algo de ayuda con la difícil tarea de educar. En particular, si una mujer ha estado soltera por algún tiempo, puede que ella espere que "tener un hombre en casa" hará que sus hijos pequeños o adolescentes se comporten mejor o muestren más respeto.

La experiencia confirma que los niños mayores y los adolescentes con frecuencia se resisten más a nuevas figuras de autoridad en su vida. A pesar de cuál sea el estado civil y las experiencias de sus padres biológicos, los niños de todas las edades pueden albergar la secreta esperanza de que sus padres biológicos vuelvan a unirse y a formar de nuevo la familia original. Los padrastros y madrastras, en especial quienes intentan con fuerza establecer el control o edificar un vínculo relacional, puede que encuentren resistencia a sus mejores esfuerzos y oposición por parte de los hijos de su pareja.

En los primeros tiempos de un segundo matrimonio, es normalmente más sabio dejar que el padre biológico siga estableciendo, comprobando y haciendo cumplir las reglas para los hijos de todas las edades. Eso dará a los niños mayores y los adolescentes la oportunidad de ajustarse a la presencia de un nuevo adulto en su vida, y a reajustar sus expectativas acerca de la familia en la que ahora viven.

Los padrastros y madrastras pueden ser muy útiles y pueden ejercer con éxito el liderazgo dentro de una nueva familia que se está formando. Sin embargo, los lentos y firmes ganan la carrera. Tratar con mucha fuerza o hacer demasiados cambios pueden ser tácticas que resulten contraproducentes, causando problemas a medida que la familia trata de unirse y fortalecerse.

Si es usted una madre o padre biológico que vuelve a casarse, espere continuar con su actual carga de obligaciones educativas, al menos durante un tiempo. Gradualmente, permita que su nueva pareja sea testigo, participe y finalmente sugiera cambios en el estilo de educación en su hogar. Hacerlo de ese modo les da a sus hijos el tiempo y el espacio que necesitan para ajustarse a un nuevo padre.

¡Ore sin cesar!

A medida que sus hijos crecen y pasan a la juventud y luego a la madurez, nuestra relación con ellos cambia. Nuestra responsabilidad hacia ellos también cambia. Ya no podemos supervisar su conducta y controlar sus elecciones; en cambio, estamos calificados de manera única para guiarlos dándoles sabios consejos y perspectivas de nuestras propias experiencias, y sobre todo, una constante oración.

Orar por sus hijos adolescentes libera el poder de Dios en sus vidas y también en la de usted. A medida que interceda diariamente por ellos, puede que descubra que su amor por ellos aumenta. A medida que escuche sus perspicaces preguntas y hasta sus triviales quejas, puede que se encuentre identificándose más de cerca con la perspectiva de ellos.

Los adolescentes de la actualidad necesitan especialmente nuestras oraciones. El mundo en el cual se están haciendo maduros presenta cambios y oportunidades radicalmente nuevos para ellos, a menudo sin darles un apropiado contexto moral o con valores. Cuando usted ore por la protección de Dios alrededor de ellos —cuando ore por las relaciones entre iguales que ellos forman—, puede que se encuentre más cerca de un Dios amoroso que nunca antes.

Puede que también aprenda, quizá por primera vez, lo profundamente y coherentemente que Dios le ama *a usted*, aun cuando sus propias elecciones sean dañinas o poco sabias.

TERCERA PARTE

Para bien o para mal:
Casarse de nuevo o seguir solo

CAPÍTULO OCHO

Volar solo:
Por qué podría considerarlo

MIRAR ATRÁS CON GRATITUD, PERO TAMBIÉN CON ALGUNOS LAMENTOS

La idea de que Dios esté activamente alimentándonos,
para que podamos crecer y ser semejantes a Él,
nos enfrenta cara a cara a nuestra propia pereza.
—M. Scott Peck

Ahora que su divorcio es definitivo, ¿debería considerar casarse por segunda vez? Si es así, ¿cómo afectará su elección a sus hijos? Si escoge usted considerar volver a casarse, ¿cuánto tiempo debería esperar antes de hacerlo?

En los dos capítulos siguientes exploraremos cuatro historias reales que destacan las elecciones y desafíos implicados en escoger seguir soltero o decidir casarse con otra persona. Más adelante, en nuestro capítulo sobre una "mesa redonda" (capítulo 11), aprenderemos juntos de las experiencias de cuatro personas divorciadas —tres mujeres y un hombre— que con cuidado y oración hicieron sus propias elecciones acerca de volver a casarse o seguir solteros. También conoceremos sus perspectivas sobre la sanidad y la recuperación.

En este capítulo, exploraremos el "volar solo", es decir, escoger seguir soltero, quizá mientras comparte la custodia de sus hijos con una ex pareja y el nuevo cónyuge de esa persona. Como verá usted en lo que sigue, ninguna decisión es sencilla. Ninguna opción resulta ser una "solución perfecta" para los muchos desafíos que usted afronta.

La historia de Débora: dos hijos, sin esposo, "¿Hice lo correcto?"

Débora nos da la bienvenida a su oficina. Brillante, bien vestida y con unos cuarenta y tantos años, recientemente la han ascendido a un nivel de gerencia: trabaja como oficial en una cooperativa de crédito cerca de una gran base militar.

"Este es mi hora de almuerzo", dice sonriendo cuando entramos en su oficina. "Así que no se preocupen, porque no estoy tomando tiempo de mi trabajo para hablar con ustedes."

Sonreímos y nos relajamos. Esa es nuestra primera reunión con Débora. Nos reuniremos con ella otras dos veces para escuchar con atención su historia y aprender de sus experiencias. Las dos siguientes reuniones se producirán en su casa y en una cafetería cercana que ella visita la mayoría de las mañanas de camino al trabajo.

"Este (último) fin de semana tuve mi primera cita en más de quince años", comienza a medida que nos acomodamos en cómodos sillones. "Se siente raro. Estoy realmente contenta de no haber probado esto antes. ¡No creo que hubiera podido manejarlo!"

Hemos estado buscando entrevistas con personas que escogieron "volar solos", y varias mujeres que conocemos nos han señalado en dirección a Débora. No la habíamos conocido antes de esta entrevista, aunque compartimos amigos y conocidos mutuos.

"Ella realmente ha sido sabia en cuanto a todo", nos dice un amigo divorciado.

"De todas las personas que conozco, ella ha sido la más inteligente al manejar a sus hijos, su carrera, y todo lo demás —una mujer de su iglesia dice sobre ella—. Ella ha sido un ejemplo a seguir para todas las que somos madres solteras."

"¿Un ejemplo a seguir?", pregunta Débora con incredulidad cuando comenzamos nuestra entrevista mencionando ese comentario, "no creo que yo sea un ejemplo a seguir de nada. Lo que soy... —busca palabras durante un minuto—, soy una superviviente. Por tanto, si quieren llamarme algo, llámenme eso: una superviviente."

Lo que sabemos por las tres entrevistas con ella, es que Débora es mucho más que simplemente una superviviente. Ha educado a dos hijos, esencialmente sola. Ha aprendido un nuevo trabajo, y luego ha buscado una educación superior para avanzar en la carrera que ha escogido. No sólo ha seguido implicada en su iglesia local, también ha conducido grupos pequeños y ha servido como conferencista en devocionales para varias reuniones de mujeres. Mirando desde fuera, uno pensaría que ella fue exitosa, estuvo contenta y satisfecha; ella hace parecer la vida de divorciada tranquila y manejable.

Usted se sorprendería al saber cómo lo ve Débora. "Aún sigo preguntándome si hice las elecciones correctas", admite pronto en nuestra primera entrevista. "Fui lo bastante afortunada para tener a varios hombres interesados en mí justamente después del divorcio, pero era demasiado pronto para mí. No podía pensar en los hombres, ¡y ni siquiera remotamente quería pensar en tener citas!"

En los tres o cuatro años posteriores al divorcio, años de batalla económica, emocional y de constantes y dolorosos ajustes, ella eligió seguir soltera, al menos tanto tiempo como sus hijos estuvieran viviendo en casa.

"Realmente no les consulté acerca de eso", recuerda. "Ellos tenían siete y cinco años cuando el divorcio explotó ante nuestras caras. Me agarró por sorpresa, y a ellos les sorprendió muchísimo.

"Ellos no nos habían visto ni oído pelearnos mucho —rara vez nos peleábamos— y por eso no tenían idea de que la familia se estuviera rompiendo. Y para decirles la verdad, yo estaba bastante majareta, al menos al principio. Lloraba hasta quedarme dormida en la noche, y lloraba durante el día después de que mis hijos se hubieran ido a la escuela. Me sentaba en casa, me preparaba un café, y solo lloraba."

Walter, el esposo de Débora durante casi diez años, el padre de sus dos hijos jóvenes, tuvo una aventura amorosa con una mujer en el trabajo y escogió dejar a su familia por ella. Alrededor de un mes después de haber dejado a su familia, él hizo un segundo anuncio: su novia estaba embarazada.

"Yo no sabía cómo explicarles *eso* a mis hijos", suspira. "Ellos estaban muy por debajo de la edad para explicarles esas cosas. Recuerdo que mi hijo pequeño me miró y luego preguntó: '¿entonces papá va a comenzar una nueva familia?'"

Esencialmente, la respuesta a esa pregunta era: "sí."

Débora no se opuso al divorcio, así que el proceso fue bastante sencillo. Los bienes de la joven pareja eran pocos; sus deudas eran muchas. "La parte más difícil de todo el divorcio fue solucionar quién se quedaría con qué préstamos y obligaciones", recuerda. "No nos peleamos por eso; yo estaba en estado de shock, incapaz de pelear realmente en aquel momento, pero fue en cierto modo difícil dividir las deudas entre los dos."

¿Fue aquella lucha el origen de la nueva ocupación de Débora?

"Quizá", musita Débora en voz alta, "sobre todo, me sentía indefensa en el sentido económico. No había trabajado fuera de casa durante nuestro matrimonio, a excepción de algunos trabajos de media jornada y de temporada. Me dediqué por entero a criar a mis hijos y mantener en orden nuestra casa. ¡Disfrutaba ser una mamá en casa!"

Hasta el día en que todo su mundo se desmoronó debajo de sus pies.

"Walter simplemente se fue", es como Débora lo recuerda. "Habló con nosotros durante un minuto sentados en la mesa del desayuno, y luego literalmente se fue de la casa. Más adelante, descubrí que había estado llevándose parte de su ropa y de sus cosas —muy gradualmente— a un apartamento con su nueva novia."

Pasó aproximadamente una semana hasta que regresó, un día de escuela mientras los niños estaban en clase, para completar su traslado y llevarse el resto de "sus" cosas.

"En ese momento yo ni siquiera sabía lo que me estaba sucediendo", Débora se encoge de hombros, seguía tratando de procesar lo que estaba pasando. "¡No podía entenderlo! Lo siguiente que veo es a Walter en la puerta, junto con su nueva novia en pantalones cortos, y los dos sacando cosas de mi casa y poniéndolas en la parte de atrás de una camioneta rentada."

¿Qué hizo ella?

Vacila por un momento antes de responder. "Simplemente me fui al cuarto de los niños, cerré la puerta, me senté en la litera de Roberto, y lloré", nos dice Débora con una voz que es un suave susurro. "Me sentía débil; estaba enojada, tenía miedo, y estaba en un completo estado de shock. Supongo que pensé que Walter y su novia no se llevarían nada del cuarto de mis hijos."

Finalmente, ella oyó arrancar la camioneta y alejarse.

"¡Él se llevó mi equipo estéreo que tenía desde la universidad!", exclama Débora con sorpresa, "pero yo lo recuperé en el acuerdo. Cuando comenzamos a dividir las cosas, yo estaba comenzando a comprender que necesitaba prestar atención. Necesitaba defenderme a mí misma, porque nadie más iba a hacerlo."

Durante mucho tiempo después de que el divorcio fuera definitivo, ella mantuvo los documentos en un cajón en su dormitorio. "Sacaba los documentos, los miraba y los volvía a guardar", recuerda. "De algún modo, todos esos documentos eran mi única conexión con mi anterior vida como esposa feliz. Agarraba esos documentos, pero realmente no los leía, sino que me quedaba mirándolos durante un rato."

Débora necesitó varios años para decidir seguir soltera. "Como comencé a decir, realmente no consulté a mis hijos sobre eso", confiesa. "En aquel entonces, ellos se estaban ajustando a ir de un lado a otro entre la casa de su papá, donde tenían a una hermosa hermanita con la cual jugar, y el apartamento al que me trasladé tras el divorcio."

¿Cuáles fueron los principales factores que impulsaron su decisión de seguir soltera?

"Recuerdo pensar que si tenía citas y llegaba a casarme, eso confundiría aún más a los niños", dice. "Parecía como si las cosas fueran más sencillas si yo mantenía algo (nuestra pequeña unidad familiar) tan seguro e igual como fuera posible. No creo que tomara ninguna decisión grande y consciente, aunque sí que pasé mucho tiempo pensando y orando por ello. Era más como crecer en esa dirección. Seguía pensando que 'menos cambio es mejor' para los niños. Y para ser realmente sincera con ustedes, en cierto modo estaba quemada con los hombres en aquel momento de mi vida", observa con candidez.

¿Hubo momentos en que dudó de la sabiduría de su elección?

"¡Solo cada día!", responde Débora riendo, "incluyendo hoy, y ahora mis hijos son adultos que ya no viven en casa. No estoy preparada para dar consejos a nadie, y menos a una mujer divorciada, sobre si debería o no casarse de nuevo. Sé que *yo* no podría haber manejado las presiones de las citas y las relaciones, además de criar sola a mis hijos. ¡Era demasiado!."

"Pero aún me pregunto si hice lo correcto al seguir soltera. Cuando mis hijos eran adolescentes y nuestra relación no era tan buena, yo me preguntaba si tener a un hombre en la casa sería útil para ellos. Yo no podía ser el papá que ellos necesitaban, y su verdadero padre estaba ocupado reviviendo su propia niñez."

¿Cómo sobrevivió ella a aquellos años en que sus hijos estaban siendo normales adolescentes rebeldes, sin querer estar tan "cerca" de su mamá?

"Fue difícil para mí, que es decir poco", dice Débora. "Mis hijos eran lo único a lo que yo me aferraba, y durante sus años de adolescencia ellos estaban ocupados tratando de *no* estar tan cerca de mí. Yo tuve mi parte de llantos durante aquellos años, y les gritaba demasiado. Parece como si siempre les estuviera gritando por algo."

¿Comprendían sus amigos sus elecciones durante aquellos años?

"Oh —recuerda ella—, todas las personas que conocía trataban de juntarme con alguien. Todos eran muy 'útiles' todo el tiempo. Yo no podía moverme o respirar, o ni siquiera ir a la iglesia, sin que alguien me hablara sobre tal o cual hombre que él o ella creían que sería perfecto para mí. De manera extraña, era casi más fácil defraudar a *todos* que aceptar la sugerencia de una persona e ignorar al resto. Yo seguía diciendo: 'No, gracias'."

En nuestra entrevista final con Débora, le pedimos que nos explicara cómo ve ella las ventajas y las desventajas de la elección que hizo de seguir soltera a la vez que criaba a sus dos hijos.

"Probablemente veo las desventajas más que las demás personas —comienza—, así que comencemos ahí si podemos. Estas son algunas, sin importar el orden."

"Mis hijos pasaron sus años de adolescencia sin un papá en la casa. Ellos visitaban a su padre, pero cuando lo hacían estaban en una casa y un ambiente no cristianos. Su papá tiene todos los canales de películas; bebe mucho. Siento ser tan crítica, pero la casa de su papá es simplemente un lugar muy distinto a mi casa."

> "Solo estaba yo. Ese simple hecho me llevaba a arrodillarme mucho, confiando en Dios y orando. Mi fe en Dios se hizo mucho más fuerte a medida que lo veía hacer milagros por nosotros."

"Yo estaba sola todo el tiempo, en especial cuando los niños crecieron. Cuando eran pequeños, ellos eran toda mi vida. Luego, cuando crecieron... yo no tenía una vida. Pasaba mucho tiempo atrapada entre estar sola, que lo estaba. Sin embargo, no quería confundir mi vida y mi familia con citas, relaciones y toda esa presión.

"Podría haber sido una persona más equilibrada con una pareja a mi lado. Tener a un hombre piadoso allí en la cocina podría haberme ayudado a madurar o crecer con más rapidez. No lo sé... Probablemente habría tenido también más dinero, especialmente en aquellos cinco o seis años. Realmente batallaba solo para pagar la renta. Mi auto se averiaba todo el tiempo, y sobrevivimos a eso sólo por la ayuda de algunos hombres de la iglesia. Ellos tienen todo un ministerio en la reparación de autos, y creo que yo he sido su principal cliente."

Débora parece haber finalizado con las desventajas, así que gentilmente le recordamos que estamos interesados en lo que ella considera el lado positivo de permanecer soltera.

Ella piensa para responder a esa pregunta. "Bien, por una parte, probablemente me apoyaba mucho más en Dios", reconoce. "Lo que yo quería, especialmente en mis momentos de soledad, era a otra persona que tomara todas las decisiones difíciles; pero no había nadie más. Solo estaba yo. Ese simple hecho me llevaba a arrodillarme mucho, confiando en Dios y orando. Mi fe en Dios se hizo mucho más fuerte a medida que lo veía hacer milagros por nosotros."

Interrumpimos para preguntar sobre los milagros.

"Bien, realmente pequeñas cosas", dice ella recordando. "Teníamos una crisis económica o algo así, y en el último minuto alguien me enviaba una nota junto con un cheque, y esa cantidad de dinero era exactamente la que necesitábamos para pagar la renta. Debería haber escrito un diario de todas esas cosas. Sucedían muy a menudo, nunca grandes cantidades de dinero, y no gané en la lotería ni nada parecido, pero de algún modo, cuando teníamos una necesidad, Dios la suplía de maneras pequeñas pero increíbles."

"Estoy segura de que mi relación con Dios hoy día es mucho más fuerte, y mucho más profunda, y mucho más genuina, de lo que sería si siguiera casada con Walter", continúa Débora. "En mis años de casada, yo como que me deslizaba cuesta abajo, dejando que Walter fuera el líder. Luego, cuando él se fue, yo quería a alguien que asumiera ese papel, pero no estaba dispuesta a pasar por todo el lío de las citas, así que tuve que dar un paso adelante y ser mi propio líder, y eso me hizo apoyarme en Dios para buscar su sabiduría."

"En los primeros años tras mi divorcio, años que fueron simplemente muy dolorosos, frustrantes y horribles, de algún modo mi relación con Dios se hizo más profunda, más fuerte y más cercana. Estar soltera me mantuvo confiando en Dios y centrada en conocerlo a Él. Probablemente la razón por la que doy algunas charlas en devocionales ahora sea que en realidad tengo una vida devocional y una vida de oración ahora. Créanme, ¡el divorcio es *estupendo* para la vida de oración!"

Le preguntamos a Débora cómo piensan sus hijos sobre su elección de seguir soltera mientras ellos eran jóvenes. ¿Les ha preguntado ella alguna vez? ¿Han compartido ellos voluntariamente sus opiniones con su madre?

Ella se ríe. "Mi hijo pequeño se fue a la universidad hace dos años. Justamente antes de irse, se sentó conmigo en la sala para tener una 'charla seria'. Yo no sabía lo que quería decirme, pues parecía muy serio. Me dijo: 'Mamá, Juan ya vive solo, y ahora yo me voy a la escuela. Puede que aún no lo sepas, pero vas a estar terriblemente sola cuando yo no esté aquí. Creo que realmente deberías salir más y comenzar a tener citas. Quizá deberías echar un vistazo en la iglesia y encontrar a algún hombre estupendo y divorciado...'."

Débora se ríe al recordarlo. "Fue de lo más dulce. Mi hijo se preocupaba por mí, queriendo en realidad que tuviera citas y una relación. Y, sinceramente, probablemente fuera su consejo lo que comenzó a hacerme pensar en ello, al menos. Hasta ese momento, yo había mantenido 'las puertas de las citas' totalmente cerradas, con todos y en todo momento. La vida era más sencilla sin toda esa confusión."

Ahora, finalmente, ella ha tenido su primera cita.

"Yo ya conocía a este hombre", dice simplemente, "y ya somos amigos, sólo que no habíamos complicado las cosas al 'tener citas' antes. Así que nos estamos tomando todo esto con mucha, mucha calma. Hablamos de todo, todo el tiempo. Hasta ahora, sólo hemos tenido una 'cita', y los dos parecimos sobrevivir sin problema. Hablamos sobre lo extraño que se sentía tener una cita, pero realmente nos llevamos bien como amigos, como siempre. No sentí que era una presión o algo artificial; me sentí bien. Así que veremos lo que hay para mí más adelante, pero no tengo ninguna prisa."

Quince años después de su divorcio, dos años después de que su hijo pequeño se haya ido a la universidad, Débora está teniendo citas de nuevo.

Para ella, seguir soltera tuvo sentido mientras los niños estaban en casa. Su ausencia del hogar le produce ahora un sentimiento de libertad, a sus cuarenta y tantos años.

"¡Soy joven!", sonríe Débora. "Podría casarme hoy y estar con mi esposo durante 40 años, o quizá más. Así que siento que todas las opciones están abiertas para mí; pero, como dije, no tengo ninguna prisa."

"Creo que Dios me mostrará qué hacer. Él siempre lo hace."

La elección de Jeremías: una hija, sin esposa, "La esperaré"

La esposa de Jeremías lo dejó sin ninguna razón aparente. Hasta donde él podía decir, no había otra persona implicada. Su esposa simplemente se fue.

"Ella ha tenido un par de novios serios en estos diez años", suspira, "pero nunca se ha comprometido. Supongo que ella duerme con otros hombres, pero hasta donde yo sé, no había 'otro hombre' cuando ella se fue; simplemente quería salir de nuestro matrimonio."

Jeremías baja la mirada mientras habla. Toma grandes sorbos de café expreso doble a lo largo de nuestra conversación con él. Habla con lentitud, perdido en sus pensamientos, definitivamente, "un pensador."

"Ella nos dejó a los dos", dice en voz baja, "y eso fue lo que realmente me sorprendió. Teníamos una hija de tres años, una niña preciosa, y mi esposa no sólo me dejó, también dejó a Marisa."

A él se le concedió la custodia porque su ex esposa así lo quiso. Sin saberlo, él es parte de una emergente mini tendencia en la custodia de los hijos; los padres con la custodia de sus hijos son un segmento creciente en la población adulta del siglo XXI en Estados Unidos.

A Jeremías no le interesan las tendencias. "¿Cómo podría alguien dejar a Marisa?", se pregunta en voz alta. "Claro que ella era ruidosa e hiperactiva cuando tenía dos años de edad, pero cuando Graciela nos dejó, Marisa había dejado esa etapa problemática. Ella era habladora y amigable, se comportaba bien y era adorable. ¿Cómo puede una persona simplemente alejarse de su única hija?"

Los hombres están manejando los desafíos de la educación sin una pareja en números cada vez mayores, batallando con la crianza de los hijos y con los problemas del hogar a la vez que trabajan a jornada completa fuera de casa. En un camino muy transitado por las madres solteras, los padres solteros ahora se encuentran a sí mismos buscando diariamente sus siguientes pasos. Para Jeremías, ya ha sido un viaje de diez años.

"Marisa tiene ahora 13 años", dice meneando su cabeza como si eso fuera imposible. "Ahora, más que nunca, ella realmente necesita a una mujer en su vida. Está pasando por cambios que yo nunca he experimentado, y que no puedo explicarle realmente. Me siento incómodo alrededor de ella casi todo el tiempo estos días. Nunca me sentí así cuando ella era más pequeña, pero ahora, de repente, ella está comenzando a crecer, y yo soy realmente consciente de que hembra no soy."

Se queda en silencio durante un rato.

Le preguntamos acerca de su decisión de no volverse a casar: es la razón por la que escogimos entrevistarlo. Su meditabunda respuesta es que aún se siente casado con su ex esposa aunque su divorcio ha sido definitivo ya durante muchos años. Según la perspectiva de Jeremías, un matrimonio es para siempre.

"La esperaré", dice con calma, pero con firmeza. "Decidí eso el día en que nos dejó. Creo que, como cristiano, mi obligación hacia Dios y hacia Graciela es esperarla, mantener la opción del 'regreso' siempre abierta para ella."

¿Importaría si Graciela volviera a casarse? ¿Cambiaría eso el modo en que él ve su rol y su responsabilidad?

"En absoluto", afirma. "No se trata de lo que escoja Graciela, y no se trata de si se casa con un hombre o solo vive con él. Se trata de una puerta abierta en mi corazón y en mi casa; quiero que Graciela sepa que mi puerta siempre estará abierta para ella, siempre, mientras yo viva."

Le preguntamos a Jeremías su edad.

"Tengo 37", dice. "Tenía 26 cuando Graciela se fue. Han pasado algo más de diez años desde entonces, y estoy absolutamente comprometido con la espera."

Jeremías ha consentido voluntariamente a esta entrevista, y sentimos su permiso para hacerle algunas de las preguntas difíciles: ¿Cómo maneja el estar solo? ¿Cómo responde a las personas que quieren que vuelva a tener citas?

Él sonríe. "Mis amigos han tirado la toalla", dice con una irónica mueca. "Les llevó algún tiempo, pero finalmente me creen ahora. Yo no me casaré otra vez, nunca, mientras Graciela esté viva. Mi hija sabe eso, mis amigos saben eso, todos en mi iglesia saben eso; y lo más importante es que Graciela sabe eso."

Musitamos en voz alta que suena a una vida solitaria.

"Yo creo que todas las personas solteras son solitarias", opina Jeremías, "incluyendo a las que han estado casadas. Al menos en mi caso, Graciela y yo pasamos cinco años juntos: dos antes de que naciera Marisa y tres después. Muchas personas nunca reciben el regalo que yo tuve durante cinco años, el regalo de estar en una relación matrimonial con una pareja adorable. Sé con seguridad que Dios no me 'debía' un matrimonio. No recibí este estupendo regalo de cinco años juntos porque yo fuera de algún modo una buena persona. Soy sólo un hombre normal; tengo puntos fuertes y débiles; a veces soy sabio, pero puedo ser también insoportablemente estúpido."

Él dice esas cosas con calma, pero con una pasión visible.

"Graciela fue el regalo de Dios para mí", insiste. "Yo era joven y muy inmaduro, y no estaba preparado para estar casado. No sabía cómo ser un buen esposo; no sabía cómo liderar. No sabía cómo tratar a una mujer..."

Jeremías se queda en silencio un rato, y nosotros esperamos.

"Yo no fui abusivo ni nada parecido", continúa con voz suave, "y tampoco dormía con nadie más ni engañaba a Graciela. Es sólo que... yo era joven. Tenía algunas ideas definidas acerca de un esposo y su papel. Tenía algunas opiniones firmes sobre una esposa y su papel."

"Graciela tenía otras ideas, pero yo realmente pensaba que estábamos aprendiendo juntos. Entonces, un día, ella simplemente se fue."

Por un anterior acuerdo, la hija adolescente de Jeremías, Marisa, se une a nosotros en este punto de la entrevista. Ella entra en la cafetería con confianza, se acerca a su papá y le da un abrazo. Salta y se sienta en una banqueta al lado de su padre, frente a nosotros en una pequeña mesa.

"Esto se trata del divorcio, ¿no es cierto?", nos pregunta.

"Sí, pero realmente se trata de cómo sobrevivir y recobrarse de ello de maneras saludables", respondemos.

Marisa asiente con la cabeza, pareciendo considerar la idea. "No creo que nadie se recupere nunca de eso", dice con una evidente tristeza en su voz, "quiero decir, ¿cómo podría ser? Unes toda tu vida a otra persona, y luego esa persona se va. ¿Cómo exactamente se 'recupera' alguien de ese tipo de conmoción? No creo que sea posible."

Jeremías sonríe. "Ella es brillante, como su madre", dice asintiendo a la vez con la cabeza mientras mira a su hija.

"¡Soy brillante como ustedes dos, papá!", insiste ella tímidamente. "Pero en serio, no creo que nadie se recupere del divorcio, ¿no es cierto? Quiero decir que las personas siguen con su vida, ¿pero realmente se recuperan alguna vez? ¿No hay siempre ese inmenso agujero en su corazón donde solía estar su matrimonio?"

"Marisa, deberías pensar en llegar a ser consejera", sugiere Lisa.

"*Estoy* pensando en ello", responde ella pensativamente. "Es algo que he tenido siempre en lo profundo de mi mente. Me gustaría ayudar a las personas que pasan por el tipo de cosas que yo he pasado y que mi papá ha pasado. Hasta mi mamá, aunque es quien nos dejó; su vida tampoco ha sido fácil. Creo que me gustaría ser útil, si pudiera."

Le preguntamos a Marisa si cree que su padre debería volver a casarse.

"Yo solía querer realmente que lo hiciera", dice con un suspiro en voz alta. "Él estaba muy solo todo el tiempo, y yo podía ver eso aun cuando era una niña. Él sólo se quedaba sentado mirando al espacio todo el tiempo. Quiero decir, ¡eso no era sano!"

Jeremías no interrumpe nada, así que ella continúa. "Después de todo, papá tiene 'base bíblica' para volver a casarse. Mamá lo abandonó; mamá tiene otros hombres en su vida. En realidad, ha tenido muchos otros hombres en su vida. Así que, si me pregunta a mí, papá tiene el permiso de Dios para comenzar de nuevo con una nueva persona. En mi opinión, papá tiene derecho de volver a casarse, y creo que sería una buena elección para él, especialmente cuando yo me vaya…"

"Pero papá, y supongo que ya le habrán oído decir esto, no lo ve así. Él dice que 'permiso' no es lo mismo que 'la primera elección de Dios', y de algún modo papá cree que la primera elección de Dios es que él espere a que mamá regrese algún día."

¿Ve Marisa eso como una posibilidad?

"De ninguna manera", dice rápidamente. "Ni siquiera la he oído nunca *hablar* de regresar con papá algún día. No creo que ella piense nunca en eso. Ella ha seguido con su vida; no está pensando en los días del pasado." Marisa menea su cabeza.

Jeremías interrumpe a su hija por primera vez. "¿Crees que yo debería volver a casarme ahora, y así tú tendrías una mamá en casa en este momento de tu vida?", le pregunta Jeremías, esperando su reacción.

"¡Yo ya tengo una mamá!", insiste Marisa, "pero si me estás preguntando si deberías tener citas, y cosas así, digo que sí. Creo que necesitas una mujer en tu vida para alegrarte y hacerte feliz. Papá, ¿cuándo fue la última vez que fuiste verdaderamente feliz?."

Jeremías medita la pregunta.

"Él es un padre realmente bueno", continúa ella, "de verdad lo es. Se interesa mucho, y hace todo el esfuerzo, y me da mucho, aun cuando no puede permitirse dármelo. Nadie podría ser un mejor padre. Sólo me gustaría que saliera con alguien, alguien que le haga sonreír, alguien que toque la guitarra, y cante locas canciones, alguien joven y divertido, quizá alguien que nunca haya estado casado."

Jeremías mueve sus ojos ante la sugerencia. "Ella solía decir cosas como esas todo el tiempo", observa él, "siempre trataba de ser una celestina, en especial con las mamás de sus amigas. Ella tiene muchas amigas cuyas madres están divorciadas y disponibles..."

"Y él nunca pensaba en ninguna de ellas", dice Marisa, pero con gentileza. "Ya saben, lo cierto es que realmente respeto a mi papá por tener su opinión; y no es que otras mujeres no le encuentren atractivo, pues sé que lo piensan. De hecho, ¡dos de ellas están intentando que yo las empareje con él ahora!"

Ella observa con atención la respuesta de su padre a eso y hace una pausa, esperando algún tipo de reacción.

Jeremías menea la cabeza pero no habla.

"Así, que, de todos modos, lo respeto por su opinión, de verdad", añade Marisa con calma. "Mi papá es una persona de fuertes convicciones y valores morales realmente buenos. A veces, me sorprende por lo fuerte que es. Yo no soy tan fuerte; no podría estar sola toda mi vida. No creo que estuviera dispuesta a conformarme con eso. Admiro totalmente su opinión, y también quiero que cambie; ¿no es una locura? —musita—. Supongo que es una opinión rara, pero es exactamente lo que siento. Pueden escribir eso si quieren."

Lo hacemos.

Dejamos la última pregunta para Jeremías, queriendo saber si él cree que ha hecho lo correcto hasta ahora al seguir soltero. ¿Y es aún lo correcto?

Su respuesta nos sorprende. "En este momento, realmente quiero lo mejor para Marisa, y no sé lo que es", dice suavemente. "Sé que yo no puedo ser todo lo que ella necesita ahora. He estado tratando de ver todo esto del modo en que Dios lo ve. He tratado de hacer que Dios sea feliz y se agrade con mi vida y mis elecciones."

Aunque él ha hablado con voz suave y baja durante toda esta entrevista, ahora baja la voz aún más. Vacila antes de hablar, pareciendo emocionado. Cuando finalmente vuelve a hablar, su voz tiene un matiz de tristeza, quizá lamento.

Frasea sus palabras lentamente. "Pero tengo que decirles, sinceramente, que aunque no cambie de opinión, al menos aún no... en este momento me encuentro queriendo lo que sea mejor para Marisa en estos próximos cinco o seis años. Si sinceramente pienso que podría mejorar la vida de Marisa al volverme a casar, caminaría hasta el altar hoy mismo. No sé si he hecho lo correcto, pero sé que quiero mucho a Marisa, y si a ella le ayudara que yo volviera a casarme, lo haría enseguida."

La voz de Jeremías se queda en silencio. Hay lágrimas en los ojos de Marisa, y también en otros ojos.

El divorcio es así.

Justamente cuando uno piensa que tiene una respuesta para algo, surge otra pregunta para sorprenderlo.

Algunas bendiciones de volar solo:
Lecciones de la vida de padres solteros

Las siguientes son algunas de las ventajas de seguir soltero, tal como se muestran en las experiencias de la vida de Débora y Jeremías en este capítulo:

1. *Aprender a apoyarse en Dios; obtener una vida espiritual más profunda.* En una relación matrimonial, puede que usted se apoye en su cónyuge para que tome el liderazgo espiritual en el hogar. Cuando su pareja se ha ido, no hay nadie que sea el líder excepto usted. Aprender a liderar con sabiduría significa aprender a orar y a crecer en su hábito de discernir cómo Dios está guiándolo y dirigiéndolo a medida que usted hace elecciones para su familia.

2. *Mantener el "cambio" en un mínimo.* Ya hay bastantes cambios a los que sus hijos tienen que ajustarse. Mantener igual su propia casa y estilo de vida puede ayudar a los niños a tener una "constante" en su mundo personal. Esa coherencia puede tranquilizarlos y ayudarlos.

3. *Llegar a ser maduro antes.* A veces, la presencia de una relación nos permite evitar los asuntos difíciles de la vida. Podemos permitir que nuestra pareja maneje el dinero o decida cómo disciplinar a los niños. Estar solo es una oportunidad para "crecer" y funcionar como adulto.

4. *Practicar "la primera elección de Dios."* Algunos en la comunidad cristiana no están a favor de casarse de nuevo. Al igual que Jeremías, escogen creer que "esperar con paciencia" es la primera elección de Dios para ellos, a pesar de cuál sea el camino que escoja el anterior cónyuge.

5. *Establecer vínculos más cercanos con sus hijos.* Sin un cónyuge o pareja, su relación con sus hijos puede volverse más profunda y satisfactoria. Aun así, espere que los adolescentes de alejen y luchen por la independencia; es natural.

Algunas desventajas de volar solo:
Confesiones de padres solteros

Las siguientes son algunas de las desventajas de seguir soltero, tal como las relatan quienes están luchando por criar a hijos ellos solos:

1. *Sus hijos puede que carezcan de la perspectiva de otro adulto.* Los hijos de parejas divorciadas siguen teniendo un padre y una madre; sin embargo, uno de los padres puede estar viviendo y comportándose como un niño o adolescente. Como madre soltera, puede que desee que un hombre piadoso esté en la casa como un ejemplo a seguir, en especial para sus hijos varones. Como padre soltero, puede que desee que su hija tenga una mujer adulta piadosa en la que apoyarse y de la que aprender durante las difíciles transiciones de los años de la adolescencia.

2. *Vivir con soledad y tratar con la depresión a solas.* Seamos sinceros: los niños no son sustitutos de una pareja, ni tampoco deben serlo. A pesar de lo cerca que pueda estar de sus hijos, seguirá sintiéndose solo. Diferentes personalidades responden de modo distinto a la soltería; la mayoría de solteros divorciados admiten que la vida es solitaria, en especial en las vacaciones importantes. Sin embargo, asegúrese de esto: volverse a casar para evitar la soledad puede que no sea el camino para la felicidad personal que usted espera.

3. *Bienvenido a su nuevo estilo de vida: pobreza.* Dos fuentes de ingresos son más elevadas que una: simples matemáticas. En la mayoría de los casos, los beneficios al combinar dos salarios excede al aumento de los gastos. Los padres solteros tienen poco dinero por necesidad: nunca hay suficiente para hacer todo, ir a todas partes y seguir el ritmo de las continuas demandas de la vida.

4. *Los amigos bien intencionados puede que lo atormenten con "ayuda."* Sus amigos tienen buenas intenciones; quieren que usted sea feliz. Por eso constantemente le molestan con consejos, sugerencias y posibles relaciones que esperan que usted explore. Simplemente sea usted mismo: no permita que sus amigos, a pesar de sus buenas intenciones, le lleven a lugares donde no está usted preparado para ir, relacional o emocionalmente.

Capítulo Nueve

Escoger casarse de nuevo:
¿Podría ser correcto para usted?

Luz de la luna y rosas, pero tenga cuidado con esas espinas

No fuimos hechos para estar solos.
Como mujer, fui creada para encajar con un hombre.
Me siento más completa cuando soy parte de "dos en uno";
más realizada cuando estoy en matrimonio.
—Ginger, 38 años, casada por segunda vez

Elías y Gina se volvieron a casar menos de tres años después de que sus divorcios fueran definitivos. Cada uno de ellos aportó hijos a la nueva unidad familiar. Elías estaba ocupado cuidando de sus tres, y Gina de sus dos. Su nuevo hogar contenía cinco niños todos menores de 12 años.

En el capítulo anterior, consideramos la elección de seguir soltero después de un divorcio, en particular cuando se están criando hijos pequeños. Aprendimos de las experiencias de dos padres solteros —un padre y una madre— que escogieron criar a sus hijos ellos solos en lugar de volver a casarse. En este capítulo veremos dos historias reales de parejas que escogieron volver a casarse. Aprenderemos de sus ejemplos acerca de las ventajas y también de las dificultades de esto; y oiremos sus propias opiniones acerca de la sabiduría de esta decisión en particular.

La historia de Elías y Gina

Comenzamos con Elías y Gina porque —desde el principio mismo— ellos experimentaron un elevado nivel de estrés en su segundo matrimonio. Menos de cuatro meses después de dar el "sí quiero" en una pequeña ceremonia privada, Elías perdió su empleo. Trabajó para el mismo patrón durante más de 15 años; de repente, su empleo —todo su departamento— quedó suprimido. Ahí estaba él, nuevamente casado, dirigiendo un hogar de siete personas, y en un instante se encontró sin empleo.

"Fue increíble", dice recordándolo. "Quiero decir, que habíamos oído algunos rumores anteriormente sobre eso, pero los rumores siempre demostraron ser falsos. Entonces, sin advertencia alguna, acudí a trabajar el lunes, y ya no tenía trabajo. Recibí exactamente dos semanas de indemnización por despido, y además la empresa prometió ayudarnos a preparar currículums y permitirnos utilizar su base de datos de búsqueda de empleo. Quince años de trabajo continuo para ellos, y mi recompensa fue... ¿una red de búsqueda de empleo?"

Elías estaba destrozado, y más aún porque se sentía responsable del cuidado y el sostén de una nueva esposa y dos hijos, además de otros tres hijos propios. "Mi primer pensamiento fue que no sólo *mi* vida caía cuesta abajo, sino que también estaba arrastrando a Gina y a sus hijos conmigo", exclama, a la vez que mueve la cabeza. "Yo no quería irme a casa, ni quería decírselo a Gina; sencillamente no quería tratarlo."

Gina lo recuerda de manera diferente. "Yo estaba en el trabajo" —recuerda— "trabajo en unos grandes almacenes, y ellos me llamaron para que contestara una llamada telefónica, lo cual es muy inusual. Recibí la llamada en el almacén, y era Elías diciéndome que de repente estaba sin empleo. Él sonaba muy calmado en el teléfono, de hecho. Yo quedé impresionada por su valentía y su estabilidad en ese momento. ¡Yo habría estado llorando!"

> Roberto... se convirtió por primera vez en su vida en un papá que se quedaba en casa. "Era bueno en eso", insiste Gina sonriendo, "en realidad, es un buen cocinero; mejor que yo."

Elías asiente con la cabeza. "Yo *estaba* llorando, pero no de modo que alguien pudiera verlo."

En su interior, estaba lleno de pánico. Él había aportado un préstamo muy alto a la nueva relación y ya se sentía culpable por imponerlo a Gina y a sus hijos. Gina —ahorradora, cuidadosa, conservadora— entró en la nueva relación sin ninguna deuda, pero sin ahorros o reservas.

"En ese momento, yo trabajaba unas 30 horas a la semana en los almacenes", explica ella. "Y ese era el nivel mínimo para mantener mi seguro médico completo. Mis horas laborales variaban mucho, pero nunca permití que bajaran de las 30 horas semanales, porque mis hijos y yo necesitábamos ese seguro médico. No podía permitirme pagarme un seguro propio."

"Cuando Elías perdió su empleo, me senté con mi supervisor y le expliqué lo que estaba sucediendo. Le pedí si podría pasar a trabajar 40 horas semanales en cualquier momento en que él pudiera acomodarlo. También le pedí que si alguna vez pensaba en que los trabajadores hicieran horas extra, me tuviera en cuenta para hacer todas las horas posibles."

El supervisor de Gina respondió tratando de que ella trabajara 40 horas semanales. Unas cuantas semanas después, ella fue reclasificada como empleada a jornada completa, aunque sus horas y turnos variaban mucho. Roberto, con sus dos semanas de indemnización por despido, se convirtió por primera vez en su vida en un papá que se quedaba en casa.

"Era bueno en eso", insiste Gina sonriendo, "en realidad, es un buen cocinero; mejor que yo." "Y en aquel momento, Cristal aún no iba a la guardería. Mientras yo estaba en el trabajo una amiga cuidaba de ella por un salario muy bajo. Así que cuando Elías perdió su empleo, dejamos de pagar a mi amiga; él se quedaba en casa y cuidaba de Cristal."

No es que Gina abandonara por completo sus tareas en el hogar. "Yo seguía realizando las tareas de la mañana —desayuno para todos, sándwiches para que los niños se llevaran a la escuela—, pero después de eso Elías se ocupaba de la casa mientras yo me iba para hacer una jornada completa de trabajo. Mis horarios cambiaban cada día, pero nunca empezaba antes de las 10:00 de la mañana."

"Eso nos daba 'tiempo familiar' en las mañanas —un frenético tiempo para estar juntos, con todos apresurándose para prepararse para la escuela— pero al menos estábamos en la misma casa a la misma hora durante aquellas mañanas."

Sin embargo, en cuanto al empleo, las cosas iban de mal en peor.

"Creo que lo peor sucedió unos seis meses después", recuerda Roberto. "Yo había estado sin empleo todo ese tiempo, buscando trabajo, enviando mi currículum, y había hecho quizá tres entrevistas durante aquel periodo, pero no me habían llamado. Había engordado varios kilos desde que me quedé sin empleo; comía mucho porque estaba muy deprimido, y estaba muy deprimido porque no podía encontrar ninguna empresa que me contratara, ni siquiera la posibilidad de tener un empleo remunerado."

"No sé por qué Gina se quedó a mi lado entonces, o cómo me soportó durante todo aquel tiempo. Yo recibía llamadas de acreedores porque no realizaba los pagos que debía. Casi pierdo mi camioneta."

Gina interviene. "Lo estaba perdiendo", dice después de una larga pausa. "Cada día, él se hundía cada vez más en el pozo. Dejó de reír y de bromear; estaba tenso y nervioso, y se molestaba por lo más mínimo."

"Mis hijos, que aún no lo conocían muy bien, permanecieron alejados de él durante aquel tiempo. No sabían qué pensar, y yo tampoco estaba segura. A veces, me preguntaba si había hecho lo correcto —admite—. Algunas de mis amigas me habían dicho que era 'demasiado pronto' para volver a casarme; pero en aquel entonces yo ya llevaba tres años divorciada. Elías y yo habíamos estado saliendo durante ocho meses y nos conocíamos el uno al otro bastante bien. Yo pensé que estaba preparada..."

"Para lo que no estaba preparada —continúa después de un momento de reflexión— era para un esposo que estuviera deprimido todo el tiempo, sin empleo, y perdiendo su autoconfianza cada día. Cada vez estaba menos seguro de sí mismo, y era mucho menos alegre y positivo. Realmente, de muchas maneras, él no era el mismo hombre con el cual yo había acordado casarme. Era muy distinto a cuando éramos novios."

Elías parece estar de acuerdo por completo.

"Si yo hubiera estado casado conmigo, ¡me habría dejado a mí mismo! —insiste él—. Yo era un caso bastante perdido. Me mantenía valiente cuando estaba con mis hijos y les decía que no se preocuparan; no sé si *ellos* me creían o no, pero no creía en mí mismo. Estaba muy preocupado, y subiendo de peso. A pesar de lo mucho que lo intentara, no podía encontrar ningún empleo de verdad, solamente trabajos esporádicos que pagaban poco. Cada día que pasaba yo me hundía un poco más en la depresión y la culpa."

¿Les habría preparado la consejería prematrimonial para esa posibilidad?

"No tuvimos ninguna consejería prematrimonial —dice Gina haciendo una mueca—. El ministro realmente quería que la hiciéramos, pero nosotros lo seguíamos posponiendo. Los dos trabajábamos, los dos éramos padres solteros, así que no creímos que realmente tuviéramos tiempo extra para ninguna sesión de consejería. Seguíamos declinando cada cita que el ministro nos ofrecía, y siempre teníamos una buena razón. Finalmente, el pastor simplemente dejó de llamarnos. Creo que comprendió que éramos una causa perdida.

"Yo no estaba demasiado preocupada por eso, porque había recibido consejería prematrimonial antes de mi primer matrimonio, ¡y vaya cómo resultó! Así que ninguno de los dos realmente intentó mucho estar disponible para recibir consejería antes de volver a casarnos."

Elías está de acuerdo. "Quizá eso nos habría ayudado —suspira—, pero en aquel entonces, los dos estábamos muy ocupados, y sencillamente no era una prioridad para nosotros. Además, ¿cómo iba a saber un ministro, o cualquiera que estuviera fuera de nuestra relación, lo que era mejor para los dos?"

A medida que batallaban por mantener el matrimonio, ¿cómo se solucionaron finalmente las cosas para Elías con respecto a su empleo? ¿Qué oportunidad encontró finalmente? ¿Cómo fueron respondidas finalmente sus oraciones para encontrar empleo?

Mucho antes de que se abriera ninguna puerta real, dice Gina, ella tuvo una epifanía. "Iba conduciendo de regreso a casa desde los almacenes —recuerda—, y estaba orando para que Elías encontrara un empleo, como siempre hacía. Y de repente, simplemente tuve un sentimiento de mucha calma al respecto, un sentimiento de profunda paz. No oí ninguna voz, ni se formaron grandes ideas en mi cerebro. No oí a Dios 'hablarme' ni nada parecido. Simplemente iba conduciendo y orando, y de repente fui inundada de un inmenso sentimiento de paz y calma con respecto a la búsqueda de empleo de Roberto, nuestras necesidades económicas, y toda la situación.

"Cuando llegué a casa, en realidad ya no me preocupé más por eso, al menos no tanto como había estado. No podía explicarlo, y no estaba preparada para hablar con nadie sobre ello, incluyendo a Roberto. Pero sabía que todo había cambiado; al menos todo en mi interior, mis emociones, habían cambiado. Tuve un verdadero y genuino sentimiento de paz. Sabía que Dios estaba obrando para hacer algo bueno para nosotros.

"Más adelante comprendí que Elías habría perdido su empleo de todos modos, se casara conmigo o no. Fui capaz de separar los problemas de falta de empleo de Elías del hecho de que los dos hubiéramos decidido volver a casarnos. Ese pensamiento también vino a mi mente mientras estaba orando y conduciendo; de alguna manera se formó en mi cerebro. No podrían creer lo mucho que esa idea me ayudó; era pensar que Elías habría pasado por aquello de todos modos, que habría sucedido, pero ahora podíamos compartir eso juntos, solucionarlo juntos, y quizá ser más fuertes como familia debido a pasar por todo aquello."

Elías cree firmemente lo mismo. "Ella no me habló enseguida de esos sentimientos, pero unos días después se sentó y me dijo que había estado orando, y que Dios le había dado un gran sentimiento de paz; y de alguna manera, por el modo en que ella me dijo eso, yo sentí mucha paz al oírla decir eso. Sentí como si todo el peso del mundo comenzara a levantarse de mis hombros por primera vez."

Finalmente, después de ocho meses de infructuosa búsqueda de empleos, un hombre de su iglesia contrató a Roberto. En lugar de continuar ganándose la vida realizando proyectos e ingeniería, Elías estaba ahora en las ventas. Fue un importante cambio.

"Para entonces yo estaba preparado para cualquier cosa", declara Roberto. "Nunca antes había pensado en mí mismo como vendedor, pero estaba listo para hacer cualquier cosa, en cualquier lugar, si había la oportunidad de ganar una cantidad considerable con ello. Jerry me mostró mi contrato y cuáles serían mis comisiones, utilizando unos números de ventas muy conservadores. Él fue muy convincente; me dijo que podría ser bueno en las ventas simplemente siendo sincero y directo con las personas. No tenía que tener algún tipo especial de personalidad extrovertida, ni nada parecido; no tenía que ser el alma de la fiesta."

¿Resultó bien el cambio de trabajo? ¿Mejoraron las cosas para la pareja? Si fue así, ¿cuánto tiempo les tomó, y cómo sucedió?

"Ha habido altibajos —reconoce Roberto—, pero en general, probablemente esté volviendo a ganar aproximadamente lo que ganaba antes de perder mi empleo, así que, básicamente, he sustituido mis ingresos de ante, y en realidad estoy comenzando a disfrutar de lo que hago para ganarme la vida. Globalmente, eso me ha hecho ser mucho más positivo de lo que era. He comenzado a creer otra vez en mí mismo. Acabo de terminar de establecer algunas metas con Jerry que realmente ayudarán a esta familia si puedo lograrlas. Y la fortaleza de Jerry me está ayudando a hacer planes concretos y realistas que pueden convertir esas metas en realidad."

Gina tiene la misma opinión. "Elías ha recuperado su confianza", dice. "Cuando llega a casa, hay un empuje en su paso cuando entra por la puerta. Ahora silba, y parece que hace alrededor de un año que no le habíamos oído silbar. Estos días todos lo vemos más feliz, más relajado, más él mismo."

Dadas las dificultades que afrontaron —el estrés económico, el largo periodo de desempleo de Roberto—, ¿harían las cosas de manera diferente, sabiendo lo que saben ahora? ¿Esperarían más tiempo para casarse sabiendo que les esperaban muchos problemas y adversidades tan pronto en la nueva relación?

"No lo sé", dice Gina, pensando la pregunta. "Quiero decir que si esperas hasta estar seguro de todo, nunca tomarás una decisión. Creo que ambos sabíamos que nos queríamos. Ambos teníamos experiencias negativas de nuestros primeros matrimonios, así que ambos estábamos preparados para hacer que funcionara para nosotros, cualquiera que fuese el costo."

El punto de vista de Elías discrepa aquí. "Yo nunca le habría hecho pasar por todo eso", insiste él. "Si hubiera sabido que iba a perder mi empleo, nunca le habría propuesto matrimonio a una hermosa mujer con dos hijos pequeños que criar. Quiero decir que eso sería una irresponsabilidad."

Él reflexiona por un momento. "Pero les diré algo. Ya que de todos modos sucedió, estoy realmente contento de no haber tenido que pasarlo todo solo. Sí que tenía a mis hijos y todo, pero uno no se sienta exactamente entre sus hijos y procesa su depresión, ¿cierto? Yo estaba ocupado tratando de ser valiente por mis hijos; ¡necesitaba a alguien que fuese valiente por mí! Fue muy útil tener a Gina aquí..."

Gina suelta unas lágrimas. Trata de hablar, y luego hace una pausa para recuperarse antes de poner palabras a sus pensamientos. "Hubo días y semanas, incluso meses, en que yo pensaba que no lo lograríamos. Pensaba: *Otra vez estamos en lo mismo, me estoy dirigiendo hacia otro divorcio, otra relación rota.*"

"Al final, eso nos hizo estar más cerca", dice. "No es que deseara que sucediera; no le desearía eso a nadie. Pero lo cierto es que pasar por todo eso nos hizo estar más cerca. Ha hecho que nuestra relación sea más fuerte, más cercana y más profunda sencillamente por haber pasado por ello."

Elías está de acuerdo. "La cercanía que tenemos ahora, el sentimiento de 'para siempre' que sentimos en cuanto a nuestro matrimonio y nuestra relación; no estoy seguro de que lo hubiéramos tenido si no fuera por todo lo que hemos pasado juntos."

Tomados de las manos, la pareja se sonríe. Para cualquiera que estuviera mirando, ellos parecerían para todo el mundo una pareja casada por primera vez y durante mucho tiempo que comparte las alegrías de una relación duradera y satisfactoria.

La historia de Rogelio y Matilde

La adversidad repentina es también un factor en nuestra segunda historia. Una vez más, una pareja que se acaba de casar por segunda vez afronta problemas que desafiaron su capacidad para sobrevivir como una unión duradera. Aunque no es típico de la mayoría de los segundos matrimonios, esta historia la incluimos precisamente porque destaca los tipos de problemas que la mayoría de las parejas no consideran plenamente cuando piensan en casarse por segunda vez y formar una nueva familia.

Al casarse después de un breve noviazgo, Rogelio y Matilde tenían menos hijos que criar que Elías y Gina. Rogelio, divorciado desde hacía casi diez años, tenía hijos adultos que vivían independientemente. Matilde, divorciada hacía solo un año aproximadamente cuando empezó a salir con Rogelio, estaba criando a tres hijos pequeños que no llegaban a los siete años de edad. El ex esposo de Matilde se había mudado a otro estado a vivir con sus padres, a unas ocho horas de distancia. Para todos los propósitos prácticos, él no estaba implicado en las vidas de sus hijos.

Rogelio y Matilde experimentaron una repentina ola de "enamoramiento." Seguros de que querían estar juntos, planearon una boda y se casaron menos de cuatro meses después de conocerse. Enseguida, estaban estableciendo un nuevo hogar y formando una nueva unidad familiar.

Rogelio recuerda el tiempo de transición como excepcionalmente difícil. "Los hijos de Matilde parecían aceptarme cuando éramos novios, pero de algún modo, cuando me mudé con ellos, todo cambió. No sé cómo o por qué, pero los niños respondían *menos* ante mí en lugar de más. Yo pensaba que mi relación con los niños mejoraría una vez que viviera allí y fuera parte de la familia. De hecho, todo fue más difícil."

Entonces las cosas empeoraron aún más. Al conducir de regreso a casa una noche de sábado tras haber ido al cine, Matilde notó algo en su pecho izquierdo. Al explorarlo más a fondo cuando llegó a casa, sintió un bulto grande: la peor pesadilla de toda mujer.

"Era maligno", dice ella. "Era maligno y crecía con rapidez, y salió de la nada. Quiero decir que no hay ningún historial de cáncer en mi familia, ni en las mujeres, ni en los hombres, ni en ninguna parte. Yo nunca he sido fumadora, como muchas ensaladas; ¿quién iba a saber que podría tener cáncer, y tan de repente?"

Rogelio tiene una teoría acerca de eso. "Hay una inmensa relación entre el estrés emocional y la salud física", observa. "Cada vez leo más sobre eso. Matilde había pasado por un divorcio muy difícil, y estaba exhausta; yo creo que su estrés pudo haber debilitado su sistema inmunológico, quizá hasta causar el cáncer."

A pesar de cuáles fueran las causas, el pronóstico de Matilde parecía desesperante.

"Estaban preocupados porque el cáncer se extendiera —recuerda ella—; porque crecía con rapidez y me atacó tan repentinamente, ellos estaban preocupados de que fuera a migrar a otras partes de mi cuerpo y atacarme ahí."

El doctor de Matilde programó la cirugía inmediatamente, pero también quería un régimen completo de otros tratamientos. Para Matilde, parecía que resplandecía de salud un día y al siguiente se hundía por los horribles tratamientos y los efectos secundarios.

"Me sentía horriblemente mal —suspira—, y aunque trataba de no mostrarlo, también tenía muchísimo miedo. Sé que Dios está 'con nosotros' en todos los momentos como esos, pero les diré la verdad: yo estaba muy asustada. Pensaba que me estaba muriendo, y me preguntaba qué les sucedería a mis hijos. Parecía que a mis hijos ni siquiera les gustaba Rogelio en aquellos primeros tiempos de nuestro matrimonio. ¿Qué le iba a suceder a Rogelio? ¿Qué les iba a suceder a mis tres hijos? Yo me quedaba despierta toda la noche, con náuseas en mi estómago debido a los tratamientos y preocupada por cómo saldría adelante mi nueva familia cuando yo muriera."

El pensamiento de que su ex esposo, de alguna manera, pudiera terminar criando a sus hijos fue lo que hizo que Matilde luchara contra el cáncer.

"Con toda seguridad —dice—. Podía ocuparme de la parte de morir, ¿pero dejar que Bobby criase a mis hijos? ¡De ninguna manera!"

Durante 18 meses el estado de salud de Matilde fue incierto. Los médicos estaban convencidos de que, aunque la cirugía pareció quitar toda evidencia visible de los tumores, la naturaleza del rápido crecimiento del cáncer hacía probable que reapareciese.

"Rogelio se convirtió en 'el Sr. Mamá' durante todo aquello", dice Matilde. "Él seguía trabajando porque no podíamos permitirnos que dejara de hacerlo. Pero se levantaba antes para hacer el desayuno y preparar a los niños; regresaba a casa del trabajo y comenzaba a limpiar; la mayoría de las noches hacía la cena para todos."

Aquellas no eran exactamente las áreas en que Rogelio tenía capacidades. "No", admite él, "yo no soy un cocinero, y limpiar la casa nunca ha estado muy alto en mi lista de prioridades. Pero había que hacerlo, y a mi manera, era cierto tipo de terapia para mí. Mantenerme ocupado me ayudaba a no tener tiempo para preocuparme tanto. De otro modo habría pasado la mayor parte de mi tiempo preocupándome."

Matilde también se preocupaba. "Sé que debería haber crecido espiritualmente por medio de todo aquello —dice hoy día—, pero para ser sincera con ustedes, estaba bastante furiosa con Dios. No podía entender por qué Dios quería matarme, francamente, y no podía entender cómo Dios podía hacer pasar a mis hijos por todo aquello, o quizá permitir que terminaran regresando con Bobby. ¿Cómo podría posiblemente ser ese el plan de Dios para mi vida, y para la de ellos?"

"Yo también estaba furioso con Dios", confiesa Rogelio. "Yo ya había perdido a una esposa por el divorcio, y ahora parecía que iba a perder a otra por el cáncer. ¿Qué le había hecho yo a Dios para que Él me quitara a dos esposas?"

Matilde continúa con su narrativa. "Así que, de todos modos, aunque me avergüenzo de admitir esto, no creí mucho espiritualmente ni me volví más madura en Cristo. ¡Sé que debería haberlo hecho! Pero lo que sucedió en realidad fue que Rogelio y yo nos acercamos mucho más a través de todo aquel sufrimiento."

Rogelio asiente. "En sus peores días —dice suavemente—, cuando ella realmente no tenía nada de energía o de alegría, cuando simplemente se alejaba, hasta en esos días yo estaba agradecido de seguir teniendo una esposa..."

Matilde le agarra la mano.

Sabiendo lo que saben ahora, ¿volverían a casarse por segunda vez? ¿Tomarían otra vez las mismas decisiones, comprendiendo cómo resultaría el futuro? ¿Darían los mismos pasos, aun entendiendo los riesgos de antemano?

"No —declara Matilde—. Quiero decir, ¿qué tipo de propuesta de matrimonio sería esa: 'Tengo cáncer, quieres casarte conmigo'? No hubiera dejado que Rogelio se acercara tanto a mí, y mucho menos que se casara conmigo, si hubiera sabido lo que iba a afrontar. No me habría casado otra vez, ni con Rogelio ni con nadie. Pero no sé qué habría hecho con mis hijos mientras tuve que pasar por la operación y el tratamiento. Eso es lo que realmente me habría preocupado. ¿Quién se habría ocupado de mis hijos durante todo aquello?"

Rogelio ve una virtud en el sufrimiento de Matilde, aunque es una virtud amarga. "Ella me necesitaba —dice él sobre el periodo del cáncer y los tratamientos—; antes de eso, yo no podía ver cómo ella me necesitaba. Ella era joven y fuerte, y parecía ser muy exitosa y bien adaptada. Yo creía que quizá ella me necesitaba para ayudarla con los niños, pero obviamente, los niños no estaban preparados para aceptar mi ayuda cuando nos casamos. Ellos se alejaban de mí y parecía que yo no les gustaba.

"Entonces, cuando el cáncer se descubrió, los niños no tenían realmente ningún tipo de red de apoyo a excepción de mí. Cuando se sentían abatidos y heridos, yo era la única persona que se ocupaba de ellos. Cuando tenían miedo en mitad de la noche, yo era el único que los tranquilizaba. Yo cocinaba, yo limpiaba, yo los cuidaba. Me convertí en su padre y su madre combinados, y era solamente un padrastro totalmente nuevo —suspira—. Pero el cáncer es así. Realmente derribó a Matilde durante un tiempo; casi la derribó por completo."

> "De veras que es cierto que tener cáncer, y que yo estuviera tan débil e incapaz, nos ayudó a Rogelio y a mí a profundizar más nuestra relación... Nos acercamos con mucha más rapidez de lo que lo habríamos hecho."

"¿Entonces te habrías casado conmigo sabiendo que tenía cáncer?", pregunta Matilde.

Rogelio queda pensativo. "Bueno, me gustaría pensar eso, pero no estoy tan seguro. Habría habido mucho qué pensar antes de casarnos. Creo que habría tenido tanto miedo a perder a una segunda esposa que quizá me habría retraído y no me habría permitido a mí mismo implicarme."

Matilde asiente mostrando su acuerdo. "Exactamente. Los dos nos habríamos retraído, en lugar de permitir que las cosas llegaran tan lejos como hasta el matrimonio. Creo que muchas personas divorciadas 'se retraen' de todos modos porque tienen mucho miedo de resultar heridas, mucho miedo de que todo se derrumbe alrededor de ellas."

Sin embargo, Rogelio y Matilde sí que se casaron, sin saber lo que iban a experimentar. ¿Harían algo de modo distinto, mirando atrás?

"Yo diría no a muchos de los tratamientos", comparte Matilde. "Sé que los médicos estaban preocupados, pero yo pasé por mucho más debido a los tratamientos de lo que pasé debido al cáncer mismo. Tener esos tratamientos fue horrible."

Ella no ha vuelto a tener síntomas por más de cinco años. ¿Está preocupada por si el cáncer regresa algún día?

"Es algo en lo que pienso, obviamente", admite. "Quiero decir, que una vez que has pasado por eso, no creo que nunca te relajes realmente. Pero es verdaderamente cierto que tener cáncer, y que yo estuviera tan débil e incapaz, nos ayudó a Rogelio y a mí a profundizar más nuestra relación. Formamos nuevos patrones de confianza y de ayuda mutua. Nos acercamos con mucha más rapidez de lo que lo habríamos hecho. ¿Quién sabe? Quizá sin el cáncer, el segundo matrimonio no habría funcionado..."

Rogelio pronuncia las últimas palabras. "Al haberla visto pasar por todo aquello, preferiría estar casado y peleando, como podríamos haberlo hecho de otro modo, para tener la estupenda relación que tenemos hoy día si el cáncer fue lo necesario para llevarnos a esa estupenda relación. Estoy agradecido por lo cerca que estamos. Y los dos estamos aprendiendo cómo confiar en Dios; estamos creciendo un poco, quizá, en nuestro caminar con Dios. ¿Pero quién escogería nunca el cáncer como manera de profundizar una relación matrimonial?"

La potencial recompensa

Estas dos historias de la vida real son más duras que la mayoría: la pérdida de un empleo, y la pérdida de la salud física. No todo segundo matrimonio será probado de maneras tan difíciles. La mayoría de parejas casadas por segunda vez afrontan un estrés que es más típico, como la presión económica, relaciones difíciles con ex parejas y problemas de disciplina con los hijos.

Sin embargo, las historias de este capítulo nos recuerdan que el futuro es incierto. Podemos perder nuestros empleos, nuestra seguridad económica y nuestra salud. Nuestra nueva pareja puede que sea golpeada de repente; podemos encontrarnos sirviendo como cuidadores justamente cuando esperábamos disfrutar del resplandor de "una fase de luna de miel." No conocemos, y no podemos conocer, el futuro.

La vida es así.

Para muchas personas divorciadas, uno de los principales beneficios de casarse de nuevo es exactamente lo que estas dos experiencias destacan: Si hay sufrimiento más adelante, parece bueno tener una pareja a nuestro lado para apoyarnos y ayudarnos.

"Sé que debería haberme apoyado en Dios para todo mientras estaba enferma —dijo Matilde en un punto cercano al final de nuestra conversación—, pero creo que el modo en que Dios escogió cuidar de mí fue poner a Rogelio en mi vida."

A medida que caminamos hacia un futuro incierto, algunos de nosotros encontramos valor en realizar el viaje agarrados de la mano, con una pareja a nuestro lado. Para aquellos de nosotros que lo hacemos, a pesar del estrés implicado, la potencial recompensa es una amistad significativa y duradera, un matrimonio saludable y satisfactorio que recorre la distancia, que dura toda una vida llenando el futuro de propósito y gozo.

Ventajas de escoger casarse de nuevo: Lecciones de parejas casadas de nuevo

Las siguientes son algunas de las ventajas de casarse de nuevo, tal como lo ilustran las experiencias de las parejas en este capítulo:

1. *Aprender a darse uno mismo de nuevas maneras.* Puede que no se haya preparado a usted mismo para ser amo de casa, cocinero o enfermero, pero la vida puede tener otros planes. Debido a las sorpresas que la vida puede traerle, puede que se encuentre realizando papeles que sean sorprendentes y desafiantes. Sin embargo, esas cosas que le hacen estirarse pueden hacer que ambos se acerquen el uno al otro de manera profunda y significativa.

2. *Afrontar la dificultad juntos, no a solas.* Perder un empleo, encontrar un bulto canceroso: esas son difíciles y desafiantes causas de estrés para cualquiera. Sin embargo, tener una pareja a su lado puede ser justamente la firme influencia que usted necesita. Es difícil estar solo cuando tiene salud y empleo. Cuando pierde las cosas que forman su sostén, tener una pareja no tiene precio.

3. *Ser ejemplo de éxito para una familia que ha conocido el fracaso.* El final de un anterior matrimonio puede dejar a hijos inseguros del valor de las relaciones comprometidas, o inseguros de que las promesas hechas puedan ser promesas cumplidas. Mostrar a sus hijos una unión saludable, una que cumpla y mantenga las promesas del matrimonio, puede ayudarlos a encontrar una nueva y positiva perspectiva de la vida familiar.

4. *Un padre y una madre pueden ser mejor que solo uno.* En el asalto de boxeo de criar a hijos saludables y con confianza, a veces es más fácil entrar como equipo. Dos de ustedes pueden turnarse para tratar con el estrés y los desafíos de la educación. Cuando hay solamente un padre, puede parecer que éste está siempre cansado, siempre cerca o en el punto de estar exhausto. Con padre y madre en el hogar, pueden dividir las obligaciones, y conquistar.

Desventajas de escoger casarse de nuevo: Qué considerar antes de la ceremonia

Las siguientes son algunas de las desventajas de casarse de nuevo, tal como lo sugieren las experiencias de las dos parejas en este capítulo:

1. *Una mayor presión y estrés económico.* Añadir una pareja y quizá los hijos de esa pareja a la lista de las personas que sostiene usted cada mes puede causarle estrés y preocupación adicionales, en especial si su trabajo no parece seguro o estable. Con empresas que reducen su plantilla o realizan despidos, aun los empleos indefinidos pueden perderse de repente.

2. *Los hijos de su pareja puede que no estén preparados para aceptarlo a usted.* Aun si es usted lo bastante sabio para resistirse a "sustituir" al padre o la madre de los hijos de su pareja, puede que los niños le rechacen y le vean como una amenaza o un desafío para su otro padre. Puede que tenga usted una relación maravillosa con su nueva pareja y, sin embargo, puede soportar un estrés y oposición constantes por parte de los hijos de esa pareja.

3. *Uno de los dos o ambos pueden quedar incapacitados.* Un accidente de auto, la repentina aparición de un cáncer; las sorpresas de la vida pueden llegarnos con calamidad y pérdida. Usted se casa al menos con una expectativa tácita de un "felices para siempre" y, sin embargo, hay una posibilidad muy real de sufrir y perder, aun en los primeros tiempos de una nueva relación matrimonial. ¿Está usted preparado para perder a un cónyuge?

4. *Las personas cambian como resultado de las circunstancias difíciles.* El alegre optimismo con el que se casa hoy puede ser el triste pesimismo que comparta su desayuno mañana. A veces las circunstancias de la vida nos agotan. Con el tiempo, una personalidad puede cambiar; un temperamento básico se ajusta como respuesta a las tristes realidades. Podemos literalmente convertirnos en personas diferentes; nuestro cónyuge también puede cambiar.

CUARTA PARTE

*Después del divorcio:
Dónde encontrar ayuda y esperanza*

Capítulo Diez

Administración de la casa: Aprender lo que no sabe

Ahora cambio el aceite a mi propio auto, ¡y sé lo que hago!
Siempre me sentí ligeramente culpable (mientras estaba casada) por no
saber cómo reparar el auto, arreglar cosas en la casa
o manejarme en un almacén.
¿Saben qué? ¡Ahora sé!
—Meredith, 28 años, mamá divorciada con dos hijos

Darío y Cintia habían estado casados tres años antes de que él la dejara. Cintia llegó a casa del trabajo un día y descubrió que la ropa de Darío faltaba del armario; su computadora y su equipo estéreo no estaban en es estudio. Faltaba una cosa más: Darío mismo.

Ella no lo había visto venir.

"No éramos realmente felices —dice ella hoy día—, y yo sabía eso; pero nos iba tan bien como a cualquier otra pareja casada que conocíamos. No nos peleábamos mucho, acabábamos de comprar una casa; yo pensaba que las cosas nos iban bastante bien."

Darío, aparentemente, tenía otras ideas. Cintia más adelante se enteró de que él había estado "saliendo" con otra persona durante casi sus tres años de matrimonio. El descubrimiento de su secreto casi destruye a su joven esposa.

"Yo tenía un buen trabajo —dice ella, recordando—, y tenía una estupenda red de apoyo de amigos en la oficina. De otro modo, no sé cómo habría pasado aquellos días..."

Su esposo presentó documentos de divorcio. Después de saber de la otra mujer, y especialmente del hecho de que había estado con esa otra persona a lo largo de casi todo su matrimonio, Cintia no se sintió inclinada a estar al lado de su hombre.

"Él hizo su elección —dice ella con resignación en su voz—; quizá si hubiera sido una aventura de una noche, o algo así, yo habría luchado más para salvar nuestro matrimonio. ¡Pero eso había estado sucediendo casi todo el tiempo que estuvimos juntos!"

Las condiciones del divorcio fueron razonablemente generosas. Cintia recibió la casa, y también la hipoteca junto con ella. Darío mantuvo su propia camioneta (nunca había añadido el nombre de Cintia al título) y sus propias pertenencias. De otro modo, la casa y sus muebles eran de Cintia, como también lo era su segundo auto, un Volvo más antiguo.

"Habíamos comprado un lugar que arreglar en un barrio fiable —recuerda Cintia, describiendo la casa que ella compró con su esposo—; cerramos el trato unos ocho meses antes de que Darío me dejara. No habíamos hecho muchas de las reparaciones aún."

Cintia no sabía nada de reparaciones en el hogar, y aún menos sobre cómo mantener andando un viejo Volvo durante un frío invierno en el norte. "Al principio me sentí indefensa —recuerda—; estaba conmocionada por todo el asunto, confundida por el divorcio, y en general sin idea alguna sobre cómo ocuparme de nada: la casa, el auto, o cualquiera de nuestros electrodomésticos."

Más que recibir ayuda: aprender autosuficiencia

Cintia recibió ayuda de una fuente inverosímil: el padre de Darío.

"Los padres de Darío fueron estupendos conmigo —suspira ella—; es como si los dos se sintieran fatal por lo que Darío había hecho, por lo que estaba haciendo. Los dos, su papá y su mamá, fueron muy útiles para mí cuando más lo necesitaba."

El padre de Darío, un experimentado carpintero y reparador del hogar, se prestó voluntario para ayudar a Cintia a remodelar la casa y prepararla para venderla. Se ofreció a revisar por completo el Volvo para hacer los arreglos necesarios y luego repararlo él mismo si era capaz de hacerlo. De otro modo, estaría contento de ayudar con cualquiera de los costos.

"Yo le dije: 'No solo lo arregle para mí, ¡muéstreme cómo hacerlo yo misma!' —dice Cintia a la vez que se ríe—. No quería pasar de ser tan dependiente de Darío a ser igualmente dependiente de su padre. ¿Qué bien me haría eso?"

Eugenio, el padre de Darío, estuvo de acuerdo, enseñándole con paciencia cómo realizar reparaciones básicas en la casa y proyectos de remodelación. Después de dos meses de trabajar junto con ella, le compró un conjunto bastante completo de herramientas.

"Yo lloré —dice Cintia con emoción en su voz—; pues él ya era muy amable con todo. Entonces, cuando me compró todas aquellas herramientas y me las dio como un regalo, yo simplemente me senté en el piso y lloré. ¡Fue tan dulce!"

¿Cómo respondió Eugenio?

Cintia se ríe. "No estoy segura de que él comprendiera que yo estaba feliz —observa—, creo que quizá él pensara que me había ofendido, o algo así. Yo solamente lloraba, y Eugenio al principio parecía preocupado."

Entonces, ¿ha aprendido Cintia cómo utilizar todas esas nuevas herramientas?

"Eugenio me enseñó mucho —dice ella con mucha gratitud en su voz —; él fue muy paciente, muy lento; yo no era exactamente una buena alumna. Muchas veces no tenía idea de lo que él acababa de decirme; y con frecuencia mi mente vagaba, ya que yo seguía estando muy deprimida por todo el asunto del divorcio. Por tanto, yo era una alumna que aprendía lentamente, pero él tuvo paciencia. No tiró la toalla; él no parecía frustrado."

Eugenio enseñó pacientemente a Cintia los puntos básicos de la remodelación de la casa y la reparación de autos. A lo largo del camino, tanto él como la madre de Darío, Carol, establecieron vínculos con Cintia, haciendo que ella comprendiera que ellos "estaban a su lado" de cualquier modo que ella necesitara.

"Recuerdo regresar a casa un día después de un día difícil en la oficina, y salí para mirar el buzón del correo. Cuando lo hice, había una nota esperándome de Eugenio y Carol. Dentro del sobre había una tarjeta divertida, además de un certificado de regalo de Safeway. Ellos me regalaban comestibles por valor de 100 dólares en forma de un certificado de regalo.

"No sé si ellos habían estado mirando por mi casa o no —sonríe Cintia—, pero el momento fue perfecto. ¡Se me había acabado todo! Realmente no me había ajustado a cocinar solo para mí; es muy extraño, pues después de regresar a casa cada día y hacer cena para dos personas, era difícil llegar a casa y hacer cena solo para una."

> La confianza de Cintia es evidente... a ella se le han dado las herramientas para ocuparse de su casa y su auto, y por sí misma si es necesario.

¿Qué compró ella con el certificado de regalo para la tienda de comestibles?

"Principalmente alimentos para microondas —confiesa con una sonrisa—, porque durante todo aquel año o así, básicamente viví de burritos para microondas, tortillas para microondas y sopas para microondas. Aún tenía bonitos regalos de boda, incluyendo una bonita batería de cocina, pero simplemente no era capaz de emocionarme por pasar una hora en la cocina para cocinar solo para mí."

Aunque Cintia había sido abandonada por su esposo, estaba siendo apoyada por los padres de su ex esposo. Ella expresa gratitud por su ayuda; es una deuda, dice ella, que nunca será capaz de pagar.

"Tenemos una verdadera amistad ahora —dice ella—; los quiero a los dos, y sé que ellos me quieren a mí. Nunca hablamos sobre Darío, ¿qué hay que decir?; pero sé que los padres de Darío me quieren y que siempre me querrán."

Rebosante de confianza, Cintia dice que ahora tiene menos miedo de que algo se estropee en su casa, o de que el auto de repente necesite arreglos o mantenimiento. "Si yo no puedo ocuparme, Eugenio probablemente pueda. Y si él no puede ocuparse, al menos sabré que no se están aprovechando de mí. Eugenio es un buen juez en cuanto al precio que debería tener una reparación del auto y si alguien está siendo honesto o no."

Cintia planea mantener la casa y seguir arreglándola. "¿Están bromeando? —pregunta cuando planteamos la pregunta—; estoy edificando patrimonio en este lugar cada día. O más exactamente, el trabajo que Eugenio me está ayudando a hacer, y me están enseñando a hacer, es el edificar patrimonio en esta casa cada día. Desde el divorcio, esta casa ha aumentado su valor al menos en un 20 por ciento."

Le preguntamos a Cintia sobre su nivel de comodidad con la reparación del auto.

"Bien, estoy pensando en comprar un viejo Honda o Toyota —sonríe a la vez que responde—. No es una ofensa para mi actual auto, pero si voy la única responsable de las reparaciones, me gustaría hacer las mínimas. Eugenio dice que Honda o Toyota son las marcas de autos más confiables, y él probablemente sepa de lo que habla. Así que puede que siga conduciendo este Volvo por algún tiempo, y luego eche un vistazo para conseguir un viejo Accord o Camry."

La confianza de Cintia es evidente a medida que habla con libertad sobre autos, asuntos de confiabilidad y sus posibles compras futuras. Al no depender ya de un esposo para el los asuntos rutinarios de mantenimiento, a ella se le han dado las herramientas para ocuparse de su casa y su auto, y por sí misma si es necesario.

Administración financiera para los no preparados fiscalmente

Cuando Saúl dejó a Melinda, se llevó con él la chequera.

No habría importado si él la hubiera dejado, pues Melinda rara vez la había visto; ella nunca había participado a la hora de hacer los balances. Saúl pagaba las facturas, administraba el dinero, y conducía los aspectos financieros de su matrimonio como si fuera el espectáculo de un hombre. Cuando se fue, el administrador del dinero faltaba del hogar.

Melinda, que afrontaba un inesperado divorcio, no tenía idea acerca de sus finanzas. "Yo no sabía nada —dice ella hoy día —, y eso no es exageración, es sencillamente un hecho. No sabía distinguir una tarjeta de crédito de una de débito. No sabía cómo hacer un depósito directo para mis cheques. No tenía idea de cuántos eran nuestros gastos corrientes o de cómo se pagaban esas facturas. Saúl utilizaba un programa llamado Quicken para manejar todos los gastos de nuestra casa, pero lo tenía en su computadora portátil. Cuando me dejó, se llevó con él esa computadora, así que yo no tenía ningún archivo, documento o cualquier otra cosa que me explicara cuánto dinero tenía yo o dónde podría estar."

Melinda buscó ayuda de inmediato, llamando a una amiga que trabajaba como contable para una pequeña empresa. "Ella me habló de una clase que darían en una iglesia cercana. La clase estaba pensada para viudas que se habían quedado solas de repente, para ayudarlas a aprender cómo manejar sus finanzas y pagar sus facturas. Yo me sentí un poco rara al llamar a la oficina de la iglesia y preguntar si podían incluirme en su clase sobre finanzas. Yo no era viuda, al menos en el sentido normal, pero necesitaba ayuda, ¡y la necesitaba enseguida!"

Mediante la providencia divina, la clase siguiente comenzaría pronto. Melinda compró dos libros con dinero que su madre le prestó. "Al principio, yo vivía solo de lo que mis padres me daban —recuerda—, y mi papá me ayudó a abrir una cuenta bancaria a mi nombre y el suyo a fin de que pudiera tener acceso a dinero mientras solucionaba todo."

La clase sobre finanzas era un curso en vídeo presentado por un conocido gerente financiero cristiano. Para Melinda, aquello fue absolutamente transformador.

"Oh —dice ella al hablar sobre el curso—, fue lo mejor que me ocurrió en aquellos horribles días después del divorcio. Aquella clase fue un salvavidas, y antes de entrar en ella, ¡yo me estaba ahogando!"

En lecciones sencillas y no amenazadoras, ella aprendió cómo realizar, llevar y ajustar un presupuesto para el hogar. Los documentos que necesitaba estaban incluidos en los libros y los materiales del curso que ella compró en la librería de la iglesia.

"Probablemente habría sido más sabio hacer las cosas en línea, como mi esposo había estado haciendo —admite—, pero en aquel momento ¡yo ni siquiera tenía computadora! Conocía unos cuantos programas, como Microsoft Word, pero nunca había hecho nada económico en una computadora."

Melinda fue una buena alumna, que aprendía bien las lecciones a medida que se presentaban. Un instructor presente dirigía las discusiones después de cada lección en vídeo, y luego los participantes en el curso hacían ejercicios en sus cuadernos mientras estaban en la clase. Ella se encontró ayudando a las viudas, muchas de las cuales le doblaban la edad o eran aún mayores, cuando ellas se enfrentaban a débitos, subtotales, libros de gastos y otros tipos de documentos que había en los materiales del curso.

"Ahí estaba yo, ayudando a otras personas, y apenas si sabía lo que estaba haciendo —comenta con una sonrisa—, pero al menos podía utilizar una calculadora, y podía leer y comprender los documentos. Algunas de aquellas mujeres no tenían buena vista, así que yo tenía que leerles las instrucciones en voz alta."

Cuando el curso terminó, Melinda se sentía con mucha más confianza. "Compré algunos otros libros del mismo autor, utilizando el dinero de mis padres, lo cual era normal en aquel entonces. Aprendí mucho acerca de cómo manejar sabiamente el dinero; cosas que nunca antes había sabido."

Hoy día, aunque admite que el dinero "está apretado", ella dirige su propio hogar utilizando el mismo programa —Quicken— que le gustaba a su ex esposo. Ella ahora es buena con la computadora además de aprender a manejar un presupuesto del hogar.

"Fue esa misma iglesia —se ríe—; ellos tenían un seminario sobre cómo usar computadoras, y para eso una no tenía que ser viuda. Desde luego, yo me apunté, y aprendí mucho durante las clases. Cuando terminé, mi papá me llevó a comprar un equipo de computadora barato. Él pagó menos de 500 dólares, pero me compró una computadora, un monitor y una impresora por esa cantidad. ¿Es mi papá un comprador inteligente, o no?"

La lucha con las tareas domésticas y la cocina: Verdaderas confesiones de "el papá cereal"

Ricardo comparte la custodia de sus dos hijos que están en edad escolar. No es la vida que él imaginó durante el verano de 1995, cuando le propuso matrimonio a su novia del instituto.

"Pensé que estaríamos juntos para siempre —suspira—, y si fuera por mí, así sería. Sin embargo, el divorcio te enseña a esperar sorpresas, ¡tanto buenas como malas!"

Ricardo quedó sorprendido por lo mucho que no sabía acerca de las domésticas.

"Pues yo me crié en un hogar tradicional; ¿es malo eso? —se pregunta—. Papá se iba a trabajar en la mañana y regresaba a casa cada día a la misma hora. Mamá era quien cocinaba, limpiaba y llevaba la familia. Eso es lo que yo aprendí."

Lo que Ricardo no aprendió incluía algunas cosas: cómo lavar ropa, cómo planchar, cómo cocinar, cómo limpiar la cocina después de cocinar, y muchas más. Ahora ha tenido que aprender por sí mismo a hacer esas cosas, como consecuencia directa de verse a sí mismo divorciado.

¿Qué está aprendiendo al vivir solo y compartir la custodia de dos hijos pequeños?

"Por una parte, yo era un dejado cuando estaba casado —comprende ahora—; debería haber ayudado con las tareas. Debería al menos haber limpiado lo que yo mismo ensuciaba. Caí en los mismos patrones que aprendí cuando crecía: los papás van a trabajar y las mamás hacen las comidas."

¿Cómo maneja Ricardo las obligaciones básicas, como la preparación de comidas, ahora que está solo?

Se ríe en alto. "Soy un papá de cereales; mis hijos comen muchos cereales en mi casa."

Aparte de los cereales, los talentos del papá divorciado incluyen gofres y espaguetis congelados, y llevar a los niños a restaurantes de comida rápida. "Hacemos eso demasiadas veces —confiesa—, pero hay que admitir que esas personas no solo venden comida, ¡venden entretenimiento! Mis dos hijos pueden pasar varias horas en esos parques de juegos. El gran desafío es que coman mientras están en el restaurante..."

¿Qué le ha sido lo más difícil aprender de las tareas domésticas?

"Planchar —indica Ricardo—; aún no lo hago bien. Quiero decir, ¿por qué la tabla de planchar tiene esa forma? ¿Alguien la hizo de esa forma a propósito? No puedo entender cómo la forma de la tabla de planchar se supone que me ayuda."

Ricardo se pregunta si su experiencia es típica de los padres divorciados."

"¿Es esto por lo que todos pasamos? —pregunta en voz alta—; y si lo es, ¿dónde están las clases para ayudar a papás divorciados a aprender todas las cosas que necesitamos saber?"

Esa es una pregunta que vale la pena hacerse.

Cuerdas de salvamento para padres también

Dora, divorciada y madre de dos hijos adolescentes, necesitaba ayuda para manejar los constantes desafíos a su autoridad que afrontaba en casa. Sus hijos no solo no le prestaban atención, sino que con frecuencia la insultaban, riéndose en su cara. Aturdida por esa muestra de rebelión, ella no sabía cómo responder.

Cuando se ofreció un curso titulado "Apoyo para padres de adolescentes" en una iglesia cercana, ella fue literalmente la primera persona que llamó para apuntarse.

"Si ellos estaban ofreciendo cualquier apoyo real, yo sabía que lo necesitaba", dice.

Otros catorce padres estuvieron en la primera sesión. Dora era una de solamente dos personas divorciadas; los demás miembros de la clase eran personas casadas.

"Educar a adolescentes es educar a adolescentes —comenta ella hoy día—, y yo no tenía idea. Me sentía indefensa, ignorada y no respetada en mi propio hogar. Sabía que eso estaba mal, ¡pero no tenía la menor idea de cómo solucionarlo!"

¿Cuáles eran sus pensamientos cuando comenzó la clase?

"Lo mismo que siempre pensaba —confiesa—; principalmente que desearía poder casarme ¡a fin de que un hombre pudiera hacer que mis hijos me obedecieran!"

Dora no se casó, pero sí obtuvo el respeto y la obediencia de sus hijos adolescentes. Lo hizo al seguir los principios y preceptos que se explicaron en el curso para padres de adolescentes. "Aquella primera noche —recuerda— lo único que recuerdo fue cuando el instructor hizo que todos dijéramos en voz alta: ¡no podemos estar haciendo *todo* mal! Y todos nos reímos mucho con eso. Necesitábamos reírnos aquella noche. La mayoría de nosotros estábamos muy quemados, muy frustrados por la falta de cooperación de nuestros hijos. El instructor se las arregló para convencernos, solo en una sesión, de que probablemente estuviéramos haciendo algunas cosas bien. No éramos los fracasos totales que sentíamos que éramos."

La confianza de Dora aumentó, pero también lo hizo su competencia. Ella comenzó a definir sus límites y a insistir en ser tratada con educación y respeto. Cuando no había respeto, entonces había consecuencias. "Aquella primera vez les quité las llaves de mi auto, y ellos no podrían creerlo. Solo uno de ellos podía conducir, pero los dos con frecuencia agarraban las llaves del auto y se iban juntos, a pesar de tener o no mi permiso para ir por ahí en el auto."

Su madre iba en serio. "Ellos se quedaron mirándome como si yo estuviera de broma. Comenzaron a hablar de encontrar el otro juego de llaves y de irse, a pesar de todo. Así que les dije la verdad: si entraban en ese auto de algún modo y se iban, yo llamaría a la policía para decirles que me habían robado el auto. En cuanto a mí, ellos podrían darles sus explicaciones a la policía."

Dora no les estaba engañando, y de algún modo sus hijos se dieron cuenta de eso. Fue el comienzo de un sustancial cambio en su relación con su madre, una relación que pronto comenzó a mostrar evidencia de un creciente respeto mutuo.

"Ellos no se convirtieron en perfectos angelitos —afirma Dora—; siguieron siendo los mismos muchachos problemáticos que habían sido desde que su papá se fue. Pero al menos respetaban mis reglas y me trataban mejor. Yo no me sentía como un total fracaso como madre; sabía que estaba haciendo progresos, aunque fueran lentos."

Ella ha regresado a la clase, repasando el mismo material tres veces consecutivas. Dice que la ayuda a aprender y a recordar el material. "No es que ya no necesite ayuda —declara—; cada vez que voy a esa clase, termino aprendiendo algo, aunque ya haya oído la misma lección una o dos veces antes. Me siento mejor conmigo misma como madre. Me siento mejor con mis hijos y su capacidad de tratar a los adultos con respeto.

"Seamos sinceros: ¡sencillamente me siento mejor!"

Sea el tema la remodelación de la casa, la gestión financiera o el cuidado y el alimento de enojados adolescentes, los recursos para padres divorciados están tan cerca como un familiar, un buen amigo, un patrón o una iglesia cercana. Hay mucha ayuda disponible gratuitamente o por poco costo.

Muchas veces, lo único que falta es ser consciente de los recursos disponibles. Un estupendo lugar para comenzar es la librería, biblioteca u oficina de una iglesia grande. Si tiene usted acceso a una iglesia de varios miles de personas, será un gran lugar donde echar un vistazo a los recursos, clases, libros y ayudas de otro tipo.

Si su comunidad es más pequeña, encuentre una biblioteca y entre a Internet, buscando clases y opciones que puedan ser ofrecidas por una universidad o una escuela vocacional cercana. En muchas comunidades, hasta iglesias comparativamente más pequeñas ofrecen días de reparación de autos, cursos de aprendizaje de informática y otros tipos de ayuda para personas divorciadas y padres solteros.

Si está usted batallando con alguna área de manejo del hogar o de la familia, sintiéndose desorientado y muy inepto, únase al club. Muchas personas divorciadas se sienten del mismo modo. Es por eso precisamente que se ofrecen tantos recursos en la actualidad.

Dónde comprar las herramientas que necesita

Los siguientes son algunos consejos para encontrar ayuda con algunos de los principales desafíos del manejo de un hogar. Si tiene acceso a Internet, si vive cerca de una biblioteca pública o ve la televisión por cable, las soluciones que usted necesita ¡puede que estén más cerca de lo que cree!

Plan financiero y presupuesto

Si su desafío es salir de la deuda, aprender a vivir según un presupuesto, o establecer un modo para pagar facturas, su biblioteca o librería local están llenas de títulos que pueden ayudar. Algunos de ellos están en la serie "Para torpes": libros amarillos con títulos en negro.

En la red, dos recursos de consejos financieros desde un punto de vista cristiano son: Crown Ministries y Ronald Blue & Company.* Sus páginas web pueden proporcionar una mina de útil información y guiarle a otros recursos de ayuda. Vea la sección de recursos al final de este libro para más información.

Aun si no es usted un experto en computadoras, los programas de software actuales, como Quicken, son muy populares porque son fáciles de manejar. Hacer el balance de sus cheques, supervisar sus pagos de la tarjeta de crédito, asegurarse de que regularmente se paguen las facturas a tiempo: esas y otras tareas pueden ser más sencillas con un poco de ayuda en la pantalla y ánimo. Su banco puede ofrecer algunos de estos mismos servicios y programas como parte de sus paquetes de cuentas de ahorro.

* Respectivamente, www.crown.org y www.ronblue.com.

Mantenimiento y reparación del auto

Aunque no esté conduciendo un auto muy nuevo, piense en hablar con su tienda de autos local. Algunas ofrecen clases de mantenimiento básico de autos, con frecuencia gratuitas y programadas en sábados o tardes en fin de semana.

Muchos de esos cursos están pensados para enseñarle acerca de su reciente compra (como ese nuevo auto que tiene en su garaje), pero otras son de naturaleza más general. Aprenderá cómo comprobar el aceite, cambiar un neumático pinchado y realizar un mantenimiento rutinario.

Las universidades son también estupendas fuentes de información y de formación con respecto a mantenimiento y reparación de autos. Aunque puede que haya una pequeña cuota a pagar para tomar las clases, la mayoría de esas universidades son lugares donde permitirse adquirir las capacidades que usted necesita. Las clases son generalmente en la tarde o en la noche, pensadas para acomodar los horarios de las personas adultas que trabajan.

Desempolvar su destreza informática

¿Necesita refrescar su destreza informática o aprender cómo utilizar un programa como Microsoft Publisher o PowerPoint? Como primer paso, mire en su almacén local de informática o en la oficina de provisión a oficinas.

Muchos lugares de FedEx Kinko pueden guiarle a clases, que con frecuencia se dan en el lugar, y le ayudarán a aprender programas concretos o a manejar la computadora en general. Algunos grandes almacenes de material de oficina pueden también referirle a útiles clases y formación, con frecuencia gratuitas.

Las tiendas de informática pueden ser lugares estupendos para preguntar sobre clases y formación. Muchas tiendas ofrecen formación allí, a veces dirigida por representantes de los principales fabricantes de computadoras. Las marcas importantes de computadoras son con frecuencia buenas fuentes para encontrar clases gratuitas o a bajo costo sobre cómo utilizar sus equipos.

También puede encontrar clases de informática en su iglesia local o en una de las iglesias más grandes que haya en su comunidad. Los programas de educación para adultos patrocinados por la universidad de su provincia o de su localidad también presentan la formación informática como una parte importante de sus opciones educativas gratuitas o a bajo costo.

Mantenimiento y reparaciones domésticas

Debido, en parte, a la popularidad de series de la televisión por cable, la formación en la reparación y la remodelación del hogar está ampliamente disponible en pantalla y en línea. Si tiene usted un servicio por cable básico, siéntese con su guía de canales delante y vea los canales comunitarios a los que tiene acceso y los canales especializados que son parte de su paquete.

Puede que se sorprenda al encontrar programas de televisión ¡que hablan exactamente de lo que usted está tratando de aprender o lograr! Puede usted grabar el programa si está en el trabajo, y luego verlo y aprender a su propio ritmo y según su horario. Los mejores programas son las guías lentas, paso a paso y visuales sobre procesos básicos, como la reparación de un grifo que gotea, encontrar y arreglar un problema en su baño, o desafíos similares.

Muchos grandes almacenes de productos para el hogar son también estupendos lugares para encontrar clases. Muchas de ellas son gratuitas, pensadas para mostrarle cómo utilizar todas herramientas y materiales que el almacén vende. Pero aunque compre usted allí o no, considere acudir a una clase y aprender algo nuevo.

¿Quién sabe? Quizá en lugar de convertirse en un manitas, ¡conozca a uno!

El progreso del peregrino: Una mesa redonda de divorciados

Cuatro personas divorciadas, todas creyentes,
hablan sobre el dolor, la recuperación y las opciones

Una cosa hago: olvidando ciertamente lo que queda atrás,
y extendiéndome a lo que está delante,
prosigo a la meta, al premio del supremo llamamiento
de Dios en Cristo Jesús.
—Filipenses 3:13-14

Convocamos la reunión, y luego nos apartamos del camino tanto como sea posible.

Los miembros de nuestra mesa redonda se reúnen en una iglesia grande en las afueras durante un par de horas, tomando café y galletas que quedaron de las reuniones del fin de semana. Antes de lanzarnos a la discusión, presentemos brevemente a las cuatro personas que estarán compartiendo sus pensamientos con usted. Hemos disfrazado sus nombres. De ese modo, todos se sienten libres para expresar sentimientos de manera verdadera, precisa y segura; nadie será "citado" después de alguna manera que pudiera resultar embarazosa.

Aquí están los cuatro miembros de nuestra mesa redonda:

* *Elisa, 28 años de edad, casada durante tres años y divorciada desde hace dos.* Ella nos dice que está saliendo con alguien "bastante en serio" pero no ha decidido acerca de volver a casarse. "No tengo prisa", es como ella describe sus pensamientos sobre una nueva unión. Ella tiene un hijo de cuatro años.

* *Cris, un hombre de 47 años, casado dos veces y divorciado dos veces.* Él conduce un programa de rehabilitación para alcohólicos y se describe a sí mismo como un "alcohólico seco." Actualmente no sale con nadie; recientemente terminó una amistad de diez meses que no parecía apropiada para convertirse en su tercer matrimonio. Tiene hijos de sus dos matrimonios anteriores pero no tiene la custodia de ninguno de ellos. Varios de sus hijos son adultos.

* *Brenda, de 56 años, casada durante ocho años y divorciada desde hace diez, y ha estado "felizmente casada" (su descripción) durante dieciséis.* Ella ha ayudado a organizar casas refugio para mujeres maltratadas, y dirige estudios bíblicos para mujeres y otros tipos de grupos de mujeres en su iglesia local. Ella es el único miembro de la mesa redonda que está casada. Tiene hijos de sus dos matrimonios. Los de su primer matrimonio son ya adultos; tiene una hija de 15 años de su actual matrimonio.

* *Gisela, 35 años de edad, divorciada durante 18 meses después de haber estado casada casi seis años.* Ella se describe a sí misma como "no preparada ni para pensar en volver a casarme." Tiene hijos en edad escolar en su hogar.

Elisa, Cris, Brenda y Gisela nos guiarán por una amplia discusión acerca de los pensamientos, sentimientos, experiencias y esperanzas de personas que están experimentando el divorcio y sus consecuencias.

Comenzamos con una sencilla pregunta:"¿Utilizaría alguno de ustedes el término 'sanando' o 'sanado' del divorcio para describir su actual realidad? ¿Por qué o por qué no?".

Cris:

Yo estoy sanado de mi primer divorcio, y sanado en la mayor parte de mi segundo. Pero estoy "sanando" de mi propio quebrantamiento personal, que fue una de las muchas razones por las cuales terminé donde estoy hoy: divorciado dos veces. Estoy trabajando en muchos problemas que me hacen ser como soy.

Elisa:

No estoy segura de que "sanando" sea la manera en que yo lo vería. Yo tenía miedo, estaba enojada, sorprendida, molesta: yo era muchas cosas cuando mi esposo escogió poner fin a nuestro matrimonio. Era un cúmulo emocional: mucho de todo.

¿Estoy "sanada" de eso? Realmente no. Pero ha pasado tiempo; he comenzado a entender de nuevo que soy básicamente la misma persona que siempre he sido. Ahora tengo un poco más de experiencia, y parte de esa experiencia no es agradable. Pero sigo siendo una persona alegre, esperanzada y optimista. No estoy segura de necesitar "sanidad"; simplemente necesito que pase más tiempo.

Gisela:

No creo que haya comenzado a sanar todavía, pero necesito hacerlo.

Brenda:

Me siento cómoda usando el término "sanada" para hablar del modo en que trato con mi divorcio. En mi caso, necesité tres años para poder sentirme normal otra vez. Pasé tres años en un profundo enojo, mucho odio a mí misma, y pasé por toda emoción negativa que una persona pueda tener.

No me refrené, ni traté de contenerlo; expresaba mis sentimientos a cualquier persona y a todos. Y me llevó unos tres años hasta que pude comenzar a sentirme normal; y también necesité visitar a un consejero profesional semanalmente durante el tercer año de ese periodo. Pero sí, diría que estoy sanada de mi divorcio. Y ayuda mucho tener un buen matrimonio ahora, un lugar seguro, con un esposo que me quiere.

Hacemos otra pregunta:"¿Qué es lo más difícil, o una de las cosas más difíciles, acerca de ser una persona divorciada, en especial en los días y meses después de que se produce el divorcio?".

Brenda:

Estás sola. Quiero decir, que tienes hijos, y quizá tengas la bendición de tener padres que te apoyan y que viven cerca; puede que tengas algunos amigos. Pero lo cierto es que estás sola. A pesar de las muchas personas que conozcas, a pesar de los amigos que te llamen, estás sola.

Después de haber estado casada por un tiempo, uno se acostumbra a estar "juntos" y a ver tu vida como "juntos." De repente, ya no hay más "juntos"; solo estás tú, por ti misma, y sola.

Es terrible.

Gisela:

Ahí es exactamente donde estoy yo ahora. Nunca me he sentido tan sola en toda mi vida. Estuve soltera hasta casi cumplir los 30, pero no me sentía sola. ¿No es extraño? Pero ahora, después de haber estado casada, no puedo creerlo. Estoy sola, y me siento aislada, fuera de lugar, a un lado de todo...

Brenda (abrazando a Gisela)

Tu vida va a mejorar, y tú te sentirás mejor. Sencillamente tienes que sobrevivir a esto durante un tiempo. Nada ayuda en un principio; no hay suficientes analgésicos en el mundo para quitar el dolor.

(El grupo pasa tiempo hablando con Gisela y afirmándola.)

Cris (retomando la pregunta)

Para mí, creo que lo más difícil de estar divorciado fue sentir que era un fracasado. Luego, cuando me divorcié por segunda vez, guau, entonces era un fracasado total.

Terminé bebiendo mucho, y en parte se debía a que sentía como si hubiera desperdiciado mis oportunidades, como si hubiera arruinado no solo mi vida sino también la vida de mi esposa y de mis hijos. Sentía como si hubiera arruinado a todo el mundo.

Brenda (a Cris)

¿Cómo saliste de eso, si es que lo hiciste?

Cris (después de pensar por un momento)

Bien, no he salido por completo. Parte de quién soy yo está... me siento como si hubiera empleado gran parte de mi vida fracasando, defraudando a otras personas, sin vivir a la altura de lo que podría haber sido. Así que puede que aún no haya salido.

Pero Dios me ha ayudado. Estoy seco, aunque siga siendo un alcohólico. Y estoy preparado para volver a casarme, aunque con toda seguridad necesitaré a la persona correcta. Acabo de terminar una hermosa relación con una excelente persona porque no parecía que "encajáramos" de la manera correcta. (Muestra una sonrisa irónica). Así que quizá esté haciendo progresos; ahora estoy terminando la relación antes de que se convierta en un matrimonio en lugar de hacerlo después.

(Todos se ríen, y necesitan hacerlo).

Elisa (regresando a la pregunta)

Para mí, lo más difícil fue sentir lástima por mi hijo. Quiero decir que él no hizo nada para merecer perder a sus padres. Quizá no quiero decir "perderlos", pero ya saben lo que quiero decir. Siempre seremos sus padres, ¡pero su familia se rompió antes de que él llegara a los tres años de edad!

Yo lo miraba —él era tan lindo cuando tenía esa edad—, y simplemente pensaba: *la vida es muy injusta si uno tiene que crecer sin sus padres.* Así que creo que me centraba más en sentir lástima por José que en preocuparme por mí misma.

Cris:

Yo tengo dos conjuntos de hijos que han perdido a sus padres originales. Algunos de mis hijos ahora ya son adultos, pero crecieron sin su verdadero papá. Y a pesar de lo que yo diga o lo que haga ahora, no puedo darles lo que perdieron.

(El grupo pasa tiempo hablando con Cris, escuchándolo, y compartiendo sus puntos de vista positivos sobre él como persona, futuro esposo y padre.)

Planteamos otra pregunta: "¿Qué funcionó, si es que hubo algo, para ayudarles a comenzar a salir adelante, a comenzar a sentirse mejor, a comenzar a hacer progreso?".

Brenda:

Escribir un diario. Una amiga mía me habló de ello justamente después de divorciarme. Ella había estado divorciada y parecía confiada, hasta feliz, ahora. Así que confié en su opinión acerca de qué cosas probar. Ella me dijo que sencillamente comenzara a escribir en un diario mis pensamientos y sentimientos. Me dijo que no debería preocuparme por la ortografía, por si estaba escribiendo demasiado, ni por ninguna otra cosa. Me dijo que comenzara un diario y continuara escribiéndolo.

Insertamos una rápida pregunta de seguimiento: "¿Cómo fue eso útil para ti?".

Brenda:

Al principio no estoy segura de que lo fuera. Yo no soy el tipo de persona a la que le guste escribir; nunca antes había escrito un diario. Me sentía cohibida y en cierta manera estúpida, escribiendo mis pensamientos en papel. La única razón de que lo hiciera se debe a que mi amiga parecía muy confiada y segura de sí misma, así que yo sabía que algo había funcionado para ella.

El modo en que me ayudó más adelante es que leía algo que había escrito unas semanas antes, o quizá unos meses antes, y recordaba esos sentimientos. Cuando se escribe un diario, realmente capta cómo te sientes. Yo me sentaba en la noche y leía mis "viejos" apuntes en el diario, y pensaba: *ahora estoy en un lugar distinto a donde estaba entonces.* Comprendía: *vaya, estoy un poco mejor ahora.*

(Queremos notar aquí que recuperarse de un divorcio es un largo proceso de llegar a estar "un poco mejor ahora" a su propio ritmo. Siga mirando hacia delante y avanzando. El tiempo pasa, y por la gracia de Dios, usted se va sintiendo "un poco mejor".)

Cris (retomando la pregunta)

Yo me metí en un grupo para padres divorciados, hombres que no veían mucho a sus hijos. Ese grupo condujo a otro grupo —Al-Anon—, el cual yo realmente necesitaba pero que aún no había buscado. Así que, para mí, fueron dos grupos: primero un grupo de hombres que estaban en mi misma situación, y luego un grupo de AA que me ayudó a convertirme en un alcohólico seco. Aún sigo estando cerca de personas de esos dos grupos. No sé dónde estaría yo sin aquellas personas.

Gisela:

Yo aún no he encontrado nada que ayude, hasta quizá hoy. Cuando todos ustedes estuvieron orando por mí hace un minuto y hablando conmigo, me sentí muy querida y valorada. Quizá ese fue el primer paso útil que me ha sucedido.

(El grupo reafirma a Gisela, y sigue una útil conversación relacionada toda ella con la situación personal y familiar de Gisela.)

Elisa (regresando a la pregunta):

Para mí, fue la música de adoración. No soy realmente una persona a quien le guste escribir. Sin duda alguna, no soy una persona dada a los grupos; y probablemente *debería* decir que lo que me ayudó fue leer 45 versículos al día, o algo parecido. Pero lo cierto es que lo que de verdad me ayudó fue la música de adoración.

Me ponía mis auriculares y escuchaba mi iPod. Me sentaba y simplemente dejaba que Nichole Nordeman o alguien así me cantara. Las letras son tan reales, y las canciones significaban mucho para mí. A veces escuchaba música más rápida, como los Katinas, o como Kirk Franklin. Para mí, cuando estoy escuchando algo así, algo que alaba a Dios y es bastante vivo, simplemente me ayuda a salir de mí misma y sumergirme en Dios y lo que esté sucediendo.

Brenda:

La música que a mí me gusta es diferente, pero funciona del mismo modo. Una de las mejores cosas que hice en mis primeros años tras el divorcio fue ir por la casa y comenzar a cantar canciones de adoración. Yo no canto bien, pero cuando realmente me metía en ello y cantaba con todo mi corazón, sentía que Dios llegaba a mi lado y estaba conmigo.

Elisa:

Exactamente. Yo estoy más cerca de Dios en mi música que quizá en cualquier otro lugar.

Gisela:

Creo que funcionaría para mí. No he tenido ánimos para escuchar música alegre; pero quizá si lo hiciera, ayudaría. Creo que todos me están convenciendo de que necesito escuchar música...

Brenda:

¡Y cantar junto con la música! Simplemente canta en voz alta y no te preocupes por quién te esté escuchando. Puedo decirte que realmente funciona.

(El grupo pasa unos momentos hablando sobre música cristiana contemporánea, comparando notas, y prometiendo intercambiar CDs y archivos de música.)

Hacemos la que se convertirá en nuestra pregunta final: "Si estuvieran hoy día sentados con una persona recién divorciada y solamente pudieran decirle una cosa, ¿qué sería lo que le dirían?".

El grupo, que ha sido participativo y vivaz, se queda en silencio por un rato, meditando la pregunta. Cris es el primero en hablar.

Cris:

Yo le diría que solucione sus problemas. Que se convierta en una mejor persona. No importa lo que le sucediera o de quién fuera la culpa, pues este es el momento para que se ocupe de su propia persona. Que se ponga mejor. Que comience a hacer algunos cambios que tenga que hacer.

Quizá esté predicándome a mí mismo; pero eso es lo que yo necesito hacer. En lugar de ahogar mis tristezas en una botella de Paco Daniels, necesito tratar con mi problema de beber demasiado. En lugar de culparme por ser un fracaso, necesito encontrar alguna manera de tener éxito en algo.

Así que le diría: Trate con sus problemas. Mejore. Desarróllese a usted mismo.

(Hay una pausa después de que Cris habla, mientras reflexionan en sus palabras.)

Elisa:

Yo le diría: todo es posible. Cuando uno se divorcia, comienza a pensar que su vida ha terminado, que su futuro se ha hundido.

Pero la buena noticia es que eso simplemente no es cierto. Su vida ha cambiado, sí, y quizá uno no esté feliz por esos cambios. Quizá uno no quisiera que su vida cambiara; quizá no lo viera venir; quizá desearía poder haberlo detenido.

Pero su vida está cambiando, y eso significa que cualquier cosa es posible.

Eso significa muchas cosas. Por ejemplo, quizá uno tuviera un buen matrimonio, al menos hasta que comenzó a ir cuesta abajo. Bien, ¿sabe qué? Puede tener un mejor matrimonio la próxima vez, lo cual es parcialmente cierto porque será usted una mejor persona.

Todo es posible. Se pueden retomar los estudios; se puede conseguir un nuevo empleo; se puede comenzar de nuevo con una nueva relación e "inventarse a uno mismo" una vez más. Uno no se queda atascado en los mismos y viejos lugares, aun si eran buenos lugares; ahora uno es libre para comenzar algo nuevo.

Yo le diría: todo es posible. ¡Todo!

(Gisela halla esperanza en ese pensamiento. Gisela y Elisa conversan durante un rato mientras los demás escuchan.)

Brenda (regresando a la pregunta):

Yo le diría: "¡Aguanta, cariño!".

Quizá sufras durante un tiempo, probablemente mucho tiempo. Tendrás días malos y días peores; tendrás días absolutamente terribles. Te sentirás más solo, más indefenso, más desesperanzado de lo que nunca te hayas sentido en toda tu vida. ¡Pero aguanta ahí!

Yo estuve divorciada diez años antes de volver a casarme. Los primeros tres años —por un largo margen— fueron los peores tres años de toda mi vida. Aquellos años fueron horribles. Casi nada bueno sucedía, al menos nada que yo pudiera decir que era bueno, que yo pudiera ver que estaba sucediendo.

Yo no hice nada brillante; simplemente aguanté ahí. Y poco a poco, día a día, las cosas fueron mejorando.

Recuerdo un día en que leí uno de mis anteriores apuntes en mi diario que había escrito varios meses antes, y pensé: *¡realmente ya no me siento así!* ¡Y fue muy liberador! Comprendí que, de alguna manera, mientras yo ni si quiera estaba prestando atención a ello, yo había mejorado.

Así que le diría: Aguanta ahí. Sencillamente aguanta ahí. Sé un superviviente; sigue levantándote de la cama en las mañanas. Si tienes hijos o alguien de quien ocuparte, ocúpate de ellos. Haz lo mejor para hacerles felices y hacerles sentir seguros. Ayuda a todas las personas que puedas ayudar.

Mientras tanto, aun si nadie en el mundo te ayuda, aguanta ahí.

Gisela:

Yo realmente no tengo una respuesta para esta pregunta, pero he aprendido de sus tres respuestas.

Si pudiera decirle a una persona recién divorciada una sola cosa, le diría: "¡Siéntese junto a un grupo como este! Relaciónese con otras personas divorciadas, quizá que hayan salido adelante un poco, y trate de aprender de ellos." Yo he estado aprendiendo de todos ustedes, todo este tiempo. Y esto ha sido exactamente lo que yo necesitaba en este momento.

Y les diré una cosa más. Casi no vengo hoy. No quería estar aquí; me parecía como una gran pérdida de tiempo. Si quería llorar, podía quedarme en casa y hacerlo; pensé que me quedaría y lloraría todo el día.

(El grupo se ríe.)

Gisela (continúa):

Pero en lugar de eso, esto ha sido lo mejor que me ha sucedido desde el divorcio. Casi estoy comenzando a sentirme un poquito más esperanzada...

Brenda:

¡Pues aguanta ahí, cariño!

El grupo se ríe otra vez. La risa está llena de experiencia compartida. Ha habido lágrimas en esos viajes, pero hoy día las lágrimas están mezcladas con algo de gozo genuino. Dios es bueno.

Gracias a nuestros amigos
en el viaje

Este libro está dedicado a personas llenas de fe que creyeron en nosotros al principio mismo de nuestro viaje, antes de que comenzara el proceso de escribir para publicar. Esas personas pronunciaron en nuestras vidas tanto el llamado como la bendición de Dios; ellas afirmaron lo que el Espíritu de Dios estaba diciendo en nuestro interior. Nuestra presencia en el camino es en gran parte un resultado de conocer algunas personas dotadas para dar aliento, entre las cuales se incluyen las siguientes parejas.

Dr. Rick y Vicki Power son amigos de toda la vida. Los cuatro nos conocimos en el mismo campus universitario. Vicki y Lisa compartían un común interés en el trabajo de laboratorio y biología; Rick y David estudiaron filosofía y religión. En la primavera del año 1978, cuando los estudios universitarios llegaron a su fin, se produjeron dos matrimonios en un periodo de tres semanas: David y Lisa el 7 de mayo, y Rick y Vicki el 27 de mayo.

Rick es un brillante maestro y un profundo pensador. El cálido corazón de Vicki se abre en hospitalidad a su alrededor. Cuando nosotros dos perdimos la esperanza de nuestro llamado o dudamos de que alguna vez se abrieran puertas para nosotros, Rick y Vicki nos recordaron la presencia de Dios en nuestras vidas y proyectaron optimismo y entusiasmo. Después de tomar café o comer con ellos —después de compartir periodos de oración, salimos convencidos de que deberíamos seguir el rumbo, seguir creyendo, y esperar en el Señor.

Rev. Randy y Lisa Calhoun también mantuvieron vivos nuestros sueños. Ellos constantemente nos alentaron a continuar con nuestra tarea de escribir, de seguir poniendo palabras sobre papel. Lisa nos dirigió hacia la asociación Cristian Writers Guild con base en Black Forest, Colorado, una asociación que Dios usó para cambiar literalmente nuestras vidas.

Randy, un muchacho con una tercera cultura, que se crió en el continente de África, es un dotado hijo de pastor y director ministerial único. Lisa, expresando sus dones creativos en el drama y la música en la iglesia local donde sirven, tiene un continuo ministerio de consejería a adolescentes. Ellos son expertos y fructíferos escritores. De manera constante y coherente nos han recordado el llamado de Dios y las promesas de Dios. Ellos nos han mantenido hacia la dirección correcta manteniendo el rumbo, siendo fieles. Cuando nuestra propia fe o ánimo han vacilado, una llamada de Lisa ha restaurado nuestra esperanza.

Fred y Melisa Jakobitz regresaron de sus tareas en el extranjero justamente en el momento en que nosotros necesitábamos amigos piadosos y fieles ejemplos a nuestro lado. Como con las dos parejas mencionadas anteriormente, hemos compartido con Fred y Melisa las alegrías y los logros de nuestras vidas, y también los desengaños, obstáculos y profundos valles por los que nuestro viaje nos ha llevado.

El entendimiento de Fred de la Palabra de Dios y de su obra; la pasión de Melisa por la palabra escrita y el aprendizaje: nos han mantenido firmes a lo largo del camino, enfocados y obedientes para responder al llamado. Melisa siempre nos ha asegurado que se abrirían puertas; Fred siempre nos ha recordado que, como siervos, debemos mantener nuestro enfoque en la obediencia fiel en lugar de en cualquier resultado concreto.

Rev. Rodger y Sharon Manning han sido nuestros mentores, han orado por nosotros, y han sido ejemplo de un matrimonio piadoso y un liderazgo de siervos de maneras transformadoras. Nos hemos reído y llorado con estos buenos amigos a lo largo de nuestras vidas y de las suyas; los hemos visto confiar en Dios y honrarlo en todo tiempo y de todas las maneras.

En una edad en la que muchos hombres piensan en la jubilación, Rodger rebosa una fresca visión, sirviendo con pasión a una organización que ama a los no alcanzados. La sabiduría y la gracia de Sharon nos han aconsejado en los buenos momentos y también en otros momentos. Su aguda perspicacia y su buen humor nos han alentado a menudo.

Finalmente, *Barry y Pam Stranz* nos han aceptado y amado a la vez que conocían y veían nuestras imperfecciones e inmadurez. Barry y Pam se unieron a nosotros no solo en una, sino en dos aventuras de toda una vida: un viaje de cuatro semanas en Jeep al interior de Alaska, acampando durante todo el camino; y también un viaje de algún modo más largo, plantar una comunidad de fe en un barrio urbano.

Pam es una de las mejores amigas y consejeras de confianza de Lisa. En ciertos aspectos, son dos personas con un solo corazón, que conocen mutuamente sus esperanzas, sueños, desengaños y debilidades. Barry es un estupendo y dotado maestro de adultos y de jóvenes, lleno con un enorme conocimiento de la Escritura y la experiencia humana. Él aporta un entusiasmo más largo que la vida a cualquier nueva empresa en la que sirva. Hasta el momento de escribir este libro, Dios les ha confiado a Barry y Pam once hijos biológicos. Esta es, con diferencia, la pareja más fructífera que conocemos, rica en los tesoros que más importan.

De maneras que no podemos entender o explicar totalmente, nuestra identidad está entretejida con las vidas de estas cinco parejas. Hemos sido moldeados y formados tanto por la intercesión como por la intervención de estas diez personas. Quizá hasta que no lleguemos al cielo no podamos discernir el pleno impacto que han causado en nuestro viaje y en su progreso.

Por todo lo que hemos recibido, estamos verdaderamente agradecidos.

Preguntas para la reflexión y el crecimiento

TEMAS PARA SU CONSIDERACIÓN Y APRENDIZAJE PERSONAL

Esta parte del libro está pensada para su aprendizaje y crecimiento personal. Puede hacer los siguientes ejercicios sin leer ninguno de los capítulos anteriores, o puede sentarse ante ellas después de haber leído el libro. De cualquier modo, esta guía está pensada para usted personalmente; se descubre mejor teniendo lista una pluma o lapicero, una taza de café caliente cerca, y algún tiempo apartado para la reflexión y el pensamiento.

A medida que considere estas preguntas, es nuestra oración que comience o continúe el entendimiento en su corazón y su mente. Piense en esta guía como en un amanecer: después de la noche oscura del divorcio, que el sol salga sobre nuevas posibilidades y nuevos descubrimientos.

Cuando comienza su viaje

Cuando escribimos este libro, el título con el que trabajamos era *Mirar hacia delante*. Edificamos los conceptos e ideas para este proyecto alrededor de la sencilla idea de mirar en la dirección en la que desearía avanzar; es decir, ¡hacia delante!

A medida que usted procesa sus pensamientos y sentimientos acerca de estar divorciado, ¿pasa usted más tiempo mirando hacia atrás, pensando en "lo que podría haber sido" o en lo que ha perdido, o en lo injusto que es todo? En otras palabras, ¿pasa mucho tiempo encerrado en su historia personal?

O, como contraste, ¿pasa usted más tiempo pensando acerca de los días futuros, planeando una nueva vida y soñando con maneras creativas de crecer, aprender y llegar a ser?

Aunque casi todo el mundo piensa tanto en su pasado como en su futuro, la mayoría de las personas pueden identificar cuál de estas dos posibilidades recibe la mayor parte de su atención.

¿Y usted? Después de pensar y reflexionar, ponga en un círculo la respuesta que más correctamente identifique su propio viaje en el presente.

P: ¿En qué dirección me dirijo?

R: *Hacia atrás*. Paso gran parte de mi tiempo pensando acerca del pasado, acerca de lo que me sucedió, acerca de lo que he perdido, acerca del dolor que he experimentado.

R: *Hacia delante*: Paso gran parte de mi tiempo pensando acerca de mi futuro, de nuevas oportunidades para mi aprendizaje y crecimiento ahora que de repente estoy soltero.

Ahora desvelemos su respuesta a esta pregunta. Tome un momento para enumerar algunas de las cosas que ve cuando se enfoca, o bien hacia delante o bien hacia atrás. Lo que usted ve puede ser algo positivo o negativo; escriba lo primero que le venga a la mente y que comprenda a medida que piensa en las dos direcciones.

Cuando miro hacia atrás, esto es lo que veo:

_____

_____

_____

Cuando miro hacia delante, esto es lo que veo:

_____

_____

_____

Ahora, regrese y vuelva a leer las listas que ha hecho. ¿Diría que la mayoría de los puntos de "mirar hacia atrás" son positivos o negativos? Para su lista de lo que ve "mirando hacia delante", responda la misma pregunta: ¿Son la mayoría de los puntos positivos o negativos?

Después de revisar su lista, ponga en un círculo una respuesta para cada una de las dos siguientes frases:

Mi lista "hacia atrás" es mayormente: POSITIVA   NEGATIVA
Mi lista "hacia delante" es mayormente: POSITIVA   NEGATIVA

En general, las personas que se recuperan de un divorcio ven mucho dolor y daño cuando miran hacia atrás. Aunque su relación matrimonial puede que haya tenido momentos positivos y experiencias felices, un efecto del divorcio es magnificar nuestro sentimiento de dolor, pérdida y sufrimiento. La mayoría de personas divorciadas dicen que su perspectiva "hacia atrás" está mayormente, o quizá completamente, llena de puntos negativos.

Por esa razón, las personas que se recuperan de un divorcio puede que necesiten práctica en cuanto a mirar hacia delante. Cuando miran hacia delante, tienden a descubrir emocionantes oportunidades para el crecimiento, el aprendizaje y el desarrollo personal. "Ahora puedo descubrir quién soy" es el modo en que una mujer divorciada nos expresó su pensamiento en un seminario sobre cómo recuperarse del divorcio que realizamos recientemente. "Parecía como si hubiera pasado todo mi matrimonio intentando hacer feliz a mi esposo —continuó diciendo—; ¿y saben qué? No funcionó. Ahora quizá pueda descubrir lo que me hace feliz *a mí.*"

Aunque es cierto que el matrimonio nunca tuvo el propósito de ser una situación en la cual el aprendizaje y el crecimiento de alguien sean ahogados o retraídos, es también cierto que el divorcio puede ser una experiencia liberadora, haciéndonos libres para descubrir e identificar nuestros propios dones y talentos. La sencilla realidad es esta: algunos de nosotros nunca aprendemos cuál es nuestro propósito en la vida —nunca descubrimos nuestro verdadero llamado o encontramos los dones que Dios nos ha dado— hasta que se produce un divorcio. Entonces, aun cuando no estábamos buscándolo, la destrucción de nuestra vida anterior se convierte en el liberador de nuevas posibilidades.

A medida que su viaje continúa

¿Ha tratado alguna vez de escalar una montaña alta, literalmente? ¿Recuerda la dificultad de tratar de respirar el aire a una altitud mayor? ¿Se encontró teniendo que detenerse a menudo a lo largo del camino, necesitando momentos de descanso a medida que ascendía?

Poco después de casarnos compramos un Jeep y pasamos el mes de agosto conduciendo hacia Alaska. Entre otras cosas, queríamos escalar en el parque nacional Denali (anteriormente llamado Mt. McKinley National Park). Disfrutamos del viaje, pero también estábamos centrados en el destino.

Cuando llegamos a Denali, el día estaba nublado y encapotado. No podíamos ver el pico del monte McKinley; de hecho, la mayoría de las montañas altas estaban rodeadas de neblina. De todas maneras emprendimos viaje, sin desanimarnos, con todas nuestras ambiciones centradas en la escalada.

Al principio caminábamos sobre la tundra. Si usted nunca ha hecho algo así, piense en goma espuma suave y esponjosa. Ahora imagine una capa de goma espuma de tres pies de profundidad cubriendo un gran aparcamiento, o quizá un campo de fútbol. Imagínese tratando de caminar de un extremo del campo de fútbol hasta el otro; con cada paso que da, más se hunde en la capa de pegajosa goma espuma. Es casi imposible mantener el equilibrio; es necesario mucho esfuerzo simplemente para sacar el pie de la esponjosa goma espuma que queda detrás de usted.

Gradualmente, la tundra dio lugar a un piso más firme. Las cuestas eran cada vez más empinadas, y nos manteníamos cerca del lado de la montaña. Muchas veces pensamos en rendirnos: cuando las nubes clareaban ocasionalmente podíamos ver nuestro diminuto Jeep aún aparcado en el camino; qué atractivo se veía allí abajo, cargado de artículos de acampada ¡y neveras llenas de deliciosa comida!

Al haber partido para escalar aquel día, habíamos comprendido una cosa con mucha rapidez: con la dificultad de caminar en la tundra, los problemas de respirar a altitudes más elevadas, y el mero cansancio físico de una larga subida, necesitábamos viajar ligeros de peso. Habíamos tenido bastantes problemas para mantener nuestro equilibrio en los estrechos senderos sin tratar de manejar el peso del exceso de equipaje. Rápidamente habíamos sacado cosas de nuestras mochilas, habíamos abandonado muchas de nuestras cosas, y habíamos llegado a las cosas más esenciales necesarias para sobrevivir.

Al viajar con poco peso, gradualmente íbamos ganando altitud. Nuestro sendero nos conducía literalmente entre las nubes, hacia arriba y hacia una luz del sol cada vez mayor. Con nubes debajo de nosotros, nubes por encima de nosotros, y nubes a nuestro alrededor, con frecuencia solo podíamos ver el rocoso sendero que teníamos a nuestros pies. Afortunadamente, ¡no siempre podíamos detectar los inmensos precipicios que había a nuestro lado!

Llegó el momento en que cada kilómetro de nuestro viaje, cada lluviosa noche de dormir en nuestra tienda, cada litro de costosa gasolina, de repente se fundieron en la no existencia. Aferrados a la ladera de una elevada montaña, miramos a un amplio valle cuando las nubes se aclararon. Por encima de nosotros —había estado ahí todo el tiempo— estaba la inmensa colina redonda del monte McKinley, que se elevaba por encima de las cumbres de 14,000 pies que lo rodeaban como si fuesen cero... nada.

El panorama simplemente nos dejó sin respiración: pasó mucho tiempo antes de que recuperásemos nuestras voces y hablásemos. Nos quedamos en un silencio de asombro por la mera magnificencia del inesperado panorama.

Todo lo que habíamos sufrido valió la pena de repente. Todo lo que habíamos sacrificado no significaba nada en absoluto. La experiencia de ver el monte McKinley no tenía precio.

Justamente entonces, como en el instante justo, un águila despegó desde algún lugar por encima de nosotros, remontándose hacia el cielo con sus alas extendidas. No podíamos haber planeado tal momento; superó con creces los sueños que nos habían impulsado hacia el norte a Alaska.

Sin embargo, ¡descubrimos aquellas cosas por viajar ligeros de peso! Nunca podríamos haber escalado hasta esas alturas y haber visto aquellas impresionantes vistas si hubiéramos intentado llevar con nosotros todo nuestro pesado equipaje. Cargar con nuestro equipaje nos habría mantenido muy por debajo del nivel de las nubes. Habríamos pasado todas nuestras vacaciones en el lugar donde estaba encapotado y oscuro.

En las alturas, después de mucho esfuerzo y sufrimiento, alimentamos nuestras almas con dulzura y luz.

Para quienes han estado divorciados, el viaje es muy similar.

Hay vistas inesperadas por delante, escenas dramáticamente hermosas que le dejarán sin respiración de asombro. Sin embargo, para escalar a tales alturas, necesitará soltar gran parte de su equipaje; necesitará aprender cómo viajar con poco peso.

Piense en ello: ¿a qué se está usted aferrando que necesita soltar?

Tome un momento para pensar en la pregunta en términos de su propia experiencia. Piense en especial en sus emociones: ¿está batallando con sentimientos como celos, amargura y resentimiento? ¿Está batallando bajo una pesada carga de vergüenza por estar divorciado? ¿Está usted cargado con un sentimiento de culpa por, no haber sido de alguna manera "exitoso" como persona casada, sintiéndose como si ahora fuese usted un fracaso de algún tipo?

Las emociones como los celos, la amargura y la vergüenza son pesado equipaje, sin duda, y limitan nuestra capacidad de escalar a nuevas alturas de logros y de éxito.

P: *¿A qué me estoy aferrando que necesito soltar a fin de alcanzar mi más elevado potencial y avanzar hacia el éxito y nuevas oportunidades?*

Esta es una lista de cosas a las que me estoy aferrando y necesito soltar:

_____

_____

_____

¿Puede imaginar lo mucho más ligero que se sentiría si no estuviera batallando para cargar con todo ese equipaje? ¿Puede imaginar la libertad que tendría sin esos grandes objetos atados a su espalda? También estaría más ágil, capaz de mantener su equilibrio y encontrar su camino en los estrechos senderos de la vida.

Si sueña usted con escalar hasta los lugares altos, necesitará soltar cualquier cosa y todo lo que le refrene y limite su progreso. Si quiere llegar más alto, pronto descubrirá que la clave para lograr altitud es viajar ligero de peso.

Cómo despojarse de su equipaje emocional

Entre las muchas emociones negativas que nublan la perspectiva de quienes terminan divorciados, están tres que merecen alguna atención y enfoque extra. Estas tres respuestas, que son todas naturales y continuas, pueden causar que nos estanquemos, evitando que estemos abiertos a un necesario crecimiento y desarrollo. Sin notarlo, podemos encontrarnos encerrados e inmovilizados, atrapados donde estamos, "agarrados" o "inmóviles." La siguiente es una ojeada a estas tres emociones, además de alguna perspectiva en cuanto a cómo soltarlas.

Enojo

Una de las respuestas más normales al divorcio y el abandono es el enojo. De hecho, si ha experimentado usted un divorcio y *no* está enojado, ¡puede que necesite consejería! Puede que esté usted bloqueando o negando sus verdaderas emociones. Las personas normales se enojan cuando alguien rompe promesas, abandona compromisos y se aleja.

El enojo es con frecuencia una respuesta de dos partes a experiencias desagradables. La primera parte de nuestra respuesta gira en torno a algo que nos hace daño, nos causa dolor o parece injusto. Hay una injusticia que se está produciendo; algo va mal, y lo sabemos. Sin embargo, si pudiéramos simplemente y fácilmente arreglar lo que está mal, no nos enojaríamos. El enojo necesita un segundo factor a fin de desarrollarse: un sentimiento de que somos impotentes para cambiar o arreglar el problema. Es este segundo factor —nuestra impotencia ante las circunstancias injustas— el que arraiga el enojo profundamente en nuestra vida emocional.

Como observamos en un capítulo anterior, la cartelera en la autopista de la vida nos dice la verdad: nosotros no tenemos el control. Si el mundo fuera siempre justo, si las personas fueran siempre amables y buenas, no importaría si nosotros tuviéramos el control o no. Sin embargo, debido a que suceden cosas injustas, debido a que el dolor es causado y se produce ciertamente el sufrimiento —y no podemos hacer nada para cambiarlo o arreglarlo—, ¡nos enojamos!

Tal enojo es normal, natural, y debería esperarse; sin embargo, si permanecemos enojados durante un largo periodo de tiempo, solamente podemos culparnos a nosotros mismos. Antes de seguir, detengámonos por unos momentos y hagamos un inventario personal:

P: *¿Cuáles son algunas de las cosas por las que estoy enojado en este divorcio?*

_____

_____

_____

Ahora que ya ha hecho su lista, regrese y ponga en un círculo las cosas que estén bajo su control directo: cosas que pueda usted arreglar, manejar y cambiar. Sin embargo, ¡es totalmente posible que no haya nada en su lista que encaje en esta categoría!

Como el divorcio rápidamente nos enseña, hay muchas cosas que no podemos cambiar o controlar. Por tanto, después de hacer una lista de algunas de esas cosas, ¿qué opciones nos quedan para considerar?

P: *¿Qué puedo controlar acerca de toda esta situación en la que me encuentro?*

_____

_____

_____

Para la mayoría de nosotros, esta segunda lista es bastante corta. Pronto descubrimos que las pocas cosas que podemos controlar se limitan a nuestras propias palabras, nuestros propios actos y nuestros propios sentimientos o actitudes interiores. Aunque puede ser muy difícil para nosotros refrenarnos a la hora de hablar con enojo, refrenarnos de hacer elecciones poco sanas, o transformar nuestros más profundos pensamientos y sentimientos, esta es la verdad: *esas cosas son nuestras para poder controlarlas.*

Puede que tengamos poder sobre poco más, pero nuestras palabras salen de nuestros labios. Nuestra conducta surge de nuestras propias elecciones. Nuestros sentimientos se producen en nuestro interior, no en otras personas.

Por tanto, esta es una estrategia clave para afrontar nuestro enojo y obtener una victoria: necesitamos cambiar nuestro enfoque de las cosas que *no podemos* controlar (situaciones y circunstancias, cosas que otros dicen, cosas que otros nos han hecho) a cosas que *podemos* aprender a controlar, con la ayuda de Dios. Necesitamos enfocarnos solamente en esas pocas cosas que están bajo nuestra propia autoridad y bajo parte de nuestra propia realidad.

En lugar de enfocarnos en lo imposible, ¡necesitamos enfocarnos en lo meramente difícil!

Lo cierto es que podemos encontrar la ayuda que necesitamos para hablar más sabiamente, utilizando palabras útiles en lugar de otras dañinas. Podemos obtener la ayuda que necesitamos para dejar de elegir cosas que no sean sanas para nosotros mismos ni para otros. Hasta podemos aprender, con el tiempo, a "cablear" nuestros pensamientos y emociones a fin de sentirnos literalmente mejor conforme pase el tiempo.

Ninguna de esas cosas son fáciles y, sin embargo, todas ellas son posibles. Como contraste, lo que no podemos hacer es retrasar el reloj, poner las cosas tal como eran, convertir nuestros anteriores sueños en realidad. Las cosas se desmoronaron, y hay demasiados pedazos rotos.

Puede que surja una pregunta: ¿Estamos afirmando que las personas divorciadas nunca pueden volver a casarse el uno con el otro, ni encontrar felicidad al ser restaurados a su pareja original? Desde luego que no. Sin embargo, aun en esos raros casos, el segundo matrimonio será una unión nueva y diferente, y no un "regreso" al tiempo y el lugar originales. Un segundo matrimonio de dos personas que estuvieron anteriormente casadas será un viaje emprendido por dos personas nuevas y diferentes, dos personas que han sido indeleblemente cambiadas por sus experiencias, incluyendo las experiencias de quebrantamiento, dolor y nuevo crecimiento. Para que tal unión sobreviva y tenga éxito, ambas partes necesitarán haber aprendido cómo enfocarse en las cosas que estén bajo su propio control: sus propias palabras, sus propios actos, sus propios pensamientos y sentimientos.

Así es como se ve el sendero hacia el crecimiento para quienes experimentan un divorcio, incluyendo a los pocos que vuelven a casarse con sus parejas originales.

Autocompasión

En primer lugar, si sentimos lástima por nosotros mismos, ¡tenemos todo el derecho!

Después de todo, veamos cómo la vida nos ha tratado. Veamos las malísimas cartas que tenemos para jugar con ella. ¿Se espera que ganemos con una mano como esa? Es mejor seguir el consejo de ese cantante de música "country": Aprendamos simplemente a "doblarlas."

Las siguientes son algunas de las cosas en las que típicamente pensamos cuando la autocompasión roba nuestra atención:

* *Vemos lo difíciles que son nuestras circunstancias.* La vida es dura. No tenemos el dinero que necesitamos, nuestros hijos han "perdido" a un padre o una madre, y puede que hayamos estado fuera del mercado laboral durante muchos años. ¡Es difícil!

* *Creemos que nadie entiende por lo que estamos pasando.* ¿Cómo podrían entenderlo? Ellos no saben lo mucho que hemos perdido, lo difícil que ha sido, lo duro que es levantarse de la cama cada mañana y encontrar una razón para pasar el día. ¿Quién entiende la profundidad del dolor en el que estamos? Nadie.

* Podemos mirar alrededor de nuestro mundo y preguntarnos: "¿Por qué nadie al menos se ofrece a ayudar?." Desde nuestra perspectiva como persona divorciada y quizá madre o padre soltero, vemos a otros que aparentemente tienen inmensos recursos económicos. Ellos tienen un buen empleo, son dueños de una casa o de varias, sus autos son nuevos: ¡tienen todo lo que a nosotros nos falta! ¿Por qué ellos no observan lo pobres que somos, lo mucho que necesitamos? ¿Por qué ellos no hacen al menos un esfuerzo para ayudar a los niños, por compasión? ¿Sería eso mucho pedir?

En todas esas líneas de pensamiento, el denominador común es la autocompasión. Aunque comenzamos con diferentes líneas de pensamiento, al final se reduce a sentir lástima por nosotros mismos porque las circunstancias son muy difíciles y nuestra situación es muy dura. ¡Pobres de nosotros!

¿Y usted? ¿Reconoció algunos de los sentimientos descritos aquí?

P: *¿Cuáles son algunas formas de autocompasión que yo estoy experimentando?*

_____

_____

_____

El camino de salida de la autocompasión se trata de esto: cambiar nuestro enfoque. Si seguimos pensando en nuestra propia situación en la vida, seguiremos repitiendo los mismos pensamientos negativos que ya estamos experimentando. Por tanto, ¡necesitamos cambiar nuestro enfoque y pensar en otra cosa!

Los siguientes son algunos de los caminos que otras personas divorciadas están descubriendo. Hay maneras de enfocarse fuera de sí mismos que son transformadoras y saludables.

En primer lugar, muchas personas divorciadas están volviendo a descubrir, o encontrando por primera vez, el gozo de la adoración. En un reciente taller sobre cómo recuperarse del divorcio que realizamos en el sur de

California, compartimos la historia verdadera de una mujer divorciada que asiste a tres servicios de adoración cada fin de semana, en tres iglesias diferentes. Ella descubre que cuanto más tiempo pasa centrada en Dios y en la adoración, menos tiempo pasa atrapada en la autocompasión.

Cuando compartimos su historia, una mujer en la última fila se rió en voz alta y levantó su mano. "¡Yo estoy haciendo lo mismo! —exclamó a todo el grupo—; asisto a tres servicios de adoración distintos cada fin de semana." El grupo se rió y aprendió al mismo tiempo: este es un sustituto constructivo para no centrarnos en nuestras propias pruebas y dificultades.

Otras personas divorciadas están encontrando caminos para salir de la autocompasión mediante la música, algunos haciéndola y otros escuchándola. Envueltos en la sublime experiencia de la música —gospel country, jazz suave, grandes himnos de la fe, rock clásico—, hay personas divorciadas que están descubriendo maneras para cambiar su enfoque y también su ánimo. Lo que algunos podrían etiquetar de "escapismo" es, de hecho, una saludable forma de quitar su atención de usted mismo. Si las letras de la música tienen valores positivos y sanos —por ejemplo, si escucha usted a un grupo cristiano—, ¡mucho mejor! Puede que se encuentre a usted mismo alabando de camino hacia una mejor salud mental.

Sin embargo, otro camino para el crecimiento implica mirar alrededor a otros y encontrar maneras de ser útil. En lugar de pensar en cómo otros no le están ayudando a usted, cambie la pregunta: *¿A quién puedo ayudar yo hoy?* Aunque puede que usted tenga pocos o ningún recurso financiero, puede prestarse voluntario para cuidar de niños, visitar un asilo para ancianos o jubilados, o hasta construir casas con Habitat for Humanity. Si comienza a pensar menos en usted mismo y empieza a mirar alrededor, al mundo más amplio que hay ahí, enseguida encontrará a otros cuya situación sea aún más difícil, más desafiante y más peligrosa que la suya propia. ¿Quién está solo hoy, a quien usted podría ayudar con una palabra amable o una buena obra?

Temor

Si está usted divorciado y solo —si está desempleado, quizá hasta sin hogar—, probablemente tenga usted razones válidas y auténticas para tener miedo. Usted no está confuso; la simple realidad es que hay por delante días difíciles y potencialmente peligrosos. Cualquier persona normal tendría miedo de afrontar la vida sin un hogar o un empleo. ¡El temor es una respuesta natural a esos problemas!

Sin embargo, el problema con el temor es que nos roba nuestro gozo. Más profundo que la "felicidad", que es una emoción fugaz, en el mejor de los casos, el gozo es algo que Dios quiere que todos poseamos como propio. El gozo no se trata de nuestra situación o nuestras circunstancias. El gozo no se trata sobre obtener autoestima porque alguien parece encontrarnos atractivos. El gozo es una realidad interior que irradia una confianza externa: en el centro de nuestro ser, estamos llenos de la gracia de Dios.

El temor, sin embargo, nos roba este gozo, envolviéndonos en cadenas de duda y desesperación de varias maneras:

* *El temor tiende a magnificar los peligros futuros*, haciendo que nuestros problemas y dificultades parezcan aún mayores de lo que son. Admitamos la verdad: ¡afrontamos problemas difíciles! Aun así, el temor tiende a magnificarlos de tal modo que parecen extremos. El temor es una lente que distorsiona los problemas de modo que se ciernen sobre nosotros como si fueran gigantes.

* Mientras tanto, *el temor tiende a minimizar nuestros propios dones y puntos fuertes*. Hace que nos sintamos débiles e incapaces. Dudamos de nuestra competencia, aunque hayamos pasado por gran parte de nuestra vida adulta con un nivel razonable de madurez, gracia y dones. El temor que distorsiona y magnifica nuestros problemas actúa de modo contrario en nuestra autoimagen: minimiza nuestra propia identidad y capacidad. Nos sentimos endebles y débiles.

* Finalmente, *el temor revela que no nos centramos lo bastante en Dios*. Después de todo, un Dios que nos ama es, sin duda, mucho mayor,

más sabio y más poderoso que cualquier problema que temamos. Dios ayudó a David a derrotar a Goliat; Él ayudó al diminuto ejército de Gedeón a derrotar a otro ejército mucho mayor; y Él constantemente invade la historia del ser humano para defender al débil y apoyar a quienes afrontan problemas difíciles. El temor niega la cercanía de Dios y su amor.

No es sorprendente, entonces, que el camino para salir del temor comience con una pregunta: "¿Quién es tu Papá?."

Si nos enseñamos a nosotros mismos, si estudiamos la Escritura y aprendemos de toda la experiencia de los seres humanos, pronto comprenderemos que nuestro amante Padre celestial se deleita en acudir en ayuda de quienes más lo necesitan.

El corazón de Dios está por los pobres; los ricos tienen dificultad para entrar al cielo.

El corazón de Dios está por los débiles; los fuertes son a menudo arrogantes y orgullosos.

El corazón de Dios está por los marginados; quienes son ignorados por otros son los favoritos de Dios.

Aunque el temor es totalmente natural, es también normal y racional acudir a un Dios todopoderoso y poner nuestra fe en Él. Si todos los demás nos abandonan, Él no lo hará. Cuando nadie más nos ayude, Él lo hará.

En un mundo de infidelidad y de promesas rotas, tenemos un Padre que ha demostrado lo que Él es una y otra vez. Él es siempre fiel. Él es verdadero y justo.

Cuando Él dice: "Nunca te dejaré ni te abandonaré", eso es exactamente lo que Él quiere decir.

Recursos sobre el divorcio y temas familiares

ORGANIZACIONES Y RECURSOS MINISTERIALES

Asociación de ministerios matrimoniales y familiares

Principalmente una red de conferencistas, escritores y consejeros que trabajan en asuntos relacionados con el matrimonio y la familia. Su página web proporciona vínculos a muchos recursos útiles; esta organización también patrocina una conferencia anual para obreros en el ministerio familiar.

Dirección web: www.amfmonline.com

Centro para estudios sobre matrimonio y familia

Educación y aliento para familias en transición; ayuda a las familias a adaptarse al trauma y el cambio. Primordialmente aborda la recuperación tras el divorcio, la educación a solas, el volver a casarse y familias mezcladas. *Directores:* Dr. David Frisbie y Lisa Frisbie.

Dirección web: www.MarriageStudies.com

Crown Financial Ministries

Enseñanza, formación y numerosos recursos sobre principios financieros cristianos, ayudando a familias y a otros a manejar los recursos económicos según la sabiduría bíblica y una administración prudente. *Entre sus fundadores*: Larry Burkett (m. 2003).

Dirección web: www.crown.org

Family Life

Conferencias, enseñanza y eventos especiales para parejas y familias desde una perspectiva cristiana, incluyendo conferencias y seminarios. Calendarios de próximos programas y eventos están en su página web. *Entre sus directores*: Dennis Rainey.

Dirección web: www.familylife.com

Enfoque a la familia

Una organización de ministerio global dedicada a fortalecer la familia por medio de recursos emitidos, publicados, conferencias y equipamiento. Produce y publica numerosos recursos para muchos aspectos de la vida familiar; algunos materiales están disponibles gratuitamente si se piden. Muchos otros recursos están disponibles para comprarlos o como regalos por un donativo al ministerio. *Fundador*: Dr. James Dobson.

Dirección web: www.family.org

Getting Remarried

Una mina de útil información relacionada con la preparación y planificación de un segundo matrimonio, al igual que ayuda para parejas casadas por segunda vez en todos los aspectos de la vida familiar.

Dirección web: www.gettingremarried.com

Instep Ministries

Programas, recursos y apoyo para personas solteras, divorciadas y casadas por segunda vez desde una perspectiva cristiana. Se enfoca en la reconciliación, la restauración, la sanidad y la esperanza. Directores: Fred y Judi Parziale.

Dirección web: www.instepministries.com

Instituto para la investigación y la educación de la familia

Recursos y materiales para familias, incluyendo familias mixtas y segundos matrimonios. *Directores*: Dr. Danielald Partridge y Jenetha Partridge.

Dirección web: www.ifre.org

Ronald Blue & Company

Servicios cristianos de administración financiera, actualmente con más de 5000 clientes y manejando más de 3 mil millones de dólares en activos. Se enfoca en principios bíblicos y administración eficaz desde una perspectiva cristiana. *Fundador*: Ron Blue.

Dirección web: www.dnaofrelationships.com

Stepfamily Association of America

Publica la revista *Your Stepfamily*. Proporciona educación y apoyo para personas en segundas familias y para profesionales en terapia familiar. Numerosos recursos y programas útiles, muchos con disponibilidad y acceso local.

Dirección web: www.saafamilies.org

Successful Stepfamilies

Enseñanza, formación, conferencias y materiales publicados para segundas familias, proporcionando sabiduría desde una perspectiva cristiana.

Conferencias en varios lugares. Numerosos vínculos útiles a otras organizaciones relacionadas en la página web. *Presidente*: Ron L. Deal.

Dirección web: www.SuccessfulStepfamilies.com

Libros seleccionados sobre temas relacionados con el divorcio y las familias

Adkins, Kay. *I'm Not Your Kid: A Cristian's Guide to a Healthy Stepfamily*. Grand Rapids, Michigan: Baker Books, 2004.

Broersma, Margaret. *Daily Reflections for Stepparents: Living and Loving in a New Family*. Grand Rapids, Michigan: Kregel Publishing, 2003.

Burns, Bob, con Tom Whiteman. *The Fresh Start Divorce Recovery Workbook*. Nashville: Thomas Nelson, 1992.

Chapman, Carlos. *Five Signs of a Functional Family*. Chicago: Northfield Publishing, 1997.

Clapp, Genevieve. *Divorce & New Beginnings*. New York: Juan Wiley & Sons, 2000.

Covey, Stephen R. *First Things First*. New York, Simon and Schuster, 1994.

Croly, Jennifer. *Missing Being Mrs*. Grand Rapids, Michigan: Monarch Books, 2004.

Deal, Ron L. *The Smart Stepfamily: Seven Steps to a Healthy Home*. Minneapolis: Bethany House, 2002.

Frisbie, Davie y Lisa. *Happily Remarried: Making Decisions Together; Blending Families Successfully; Building a Love That Will Last*. Eugene, Oregon: Harvest House Publishers, 2005.

Gillespie, Natalie Nichols. *The Stepfamily Survival Guide*. Grand Rapids, Michigan: Revell Company, 2004.

Lauer, Robert y Jeanette. *Becoming Family: How to Build a Stepfamily That Really Works*. Minneapolis: Augsburg, 1999.

Omartian, Stormie. *The Power of a Praying Parent*. Eugene, Oregon: Harvest House Publishers, 1995.

Parrot, Les y Leslie. *Saving Your Second Marriage Before It Starts*. Grand Rapids, Michigan: Zondervan, 2001.

Peck, M. Scott. *The Road Less Traveled*. New York: Simon and Schuster, 1978.

Smalley, Carlos. *The DNA of Relationships*. Carol Stream, Illinois: Tyndale Publishers, 2004.

Smedes, Lewis B. *Shame and Graciela: Healing the Shame We Daniel't Deserve*. San Francisco: HarperSanFrancisco, 1993.

Smoke, Jaime. *Growing Through Divorce*. Eugene, Oregon: Harvest House Publishers, 1995.

Virkler, Henry A. *Broken Promises*. Waco, Texas: Word Books, 1992.

Wagonseller, Bill E., con Lynne C. Ruegamer y Marie C. Harrington. *Coping in a Single Parent Home*. New York: Rosen Publishing, 1992.

Wallerstein, Judith S., con Julia M. Lewis y Sandra Blakeslee. *The Unexpected Legacy of Divorce: A 25-Year Landmark Study*. New York: Hyperion, 2000.

Wheat, Ed, y Gloria Oakes Perkins. *Love Life for Every Married Couple*. Grand Rapids, Michigan: Zondervan, 1980.

Consejería, referencias profesionales

Asociación Nacional de Obreros Sociales

La Asociación Nacional de Obreros Sociales mantiene una red de servicios sociales en cada estado, organizada a través de la organización de cada estado. Al ponerse en contacto con la organización en su estado, puede usted obtener información acerca de consejería y otros servicios sociales en su ciudad o región.

Su página web mantiene una base de datos de información, servicios, recursos y miembros que puede guiarle a obtener ayuda localmente.

Dirección web: www.naswdc.orgv

Durante más de 25 años, los doctores David y Lisa Frisbie han estado aprendiendo de personas que se han divorciado. Como directores de The Center for Marriage & Family Studies (Centro para estudios del matrimonio y la familia), su estudio se ha enfocado en familias en transición, ayudando a las familias a ajustarse al trauma y al cambio.

The Center for Marriage & Family Studies persigue cuatro principales aspectos del aprendizaje y el crecimiento: recuperación tras el divorcio, educar en solitario, segundo matrimonio tras el divorcio y vida familiar en familias mezcladas. Ofreciendo seminarios, retiros, talleres y cursos en esas cuatro áreas, el Centro proporciona recursos eficaces a fin de que las familias en transición puedan convertirse en lugares de salud y sanidad.

David ha hablado en retiros, campamentos y conferencias desde el año 1973. Es autor de varios libros y numerosos artículos sobre temas referentes al matrimonio y la vida familiar, con un énfasis especial en familias que estén experimentando cambio.

David y Lisa llevan casados 28 años y tienen su hogar en Southern California. Su ministerio de aliento y sanidad les ha llevado a los 50 estados, 11 de las provincias canadienses, y más de dos decenas de otros países en todo el mundo. Han hablado ante audiencias grandes y pequeñas, de muchas culturas, con palabras de esperanza y sanidad, con buen humor, y con una erudición de actualidad y actualizada.

Las apariciones de los Frisbie en los medios de comunicación incluyen las realizadas en *USA Today*, el *New York Robertoes*, y numerosos periódicos locales. Han sido entrevistados en la cadena televisiva ABC – TV y el canal de radio CBS, al igual que en muchas emisoras locales.

Por diseño, The Center for Marriage & Family Studies es apolítico. Tampoco apoya a candidatos para puestos electorales ni proporciona guías a los votantes. No está afiliado a ninguna iglesia, congregación o denominación, y ni el Centro ni sus directores hacen comentarios sobre legislación en trámite u otros asuntos políticos.

Una mayor información sobre los programas y actividades del Centro puede obtenerse en www.MarriageStudies.com.

* Para concertar una presentación o programa presentando a David o Lisa Frisbie, o a ambos, contactar con:
Lisa Douglas
Mountainmediagroup@yahoo.com

* Para ponerse en contacto con David y Lisa Frisbie, favor de usar la siguiente dirección de correo electrónico:
Director@MarriageStudies.com

* Para información sobre los recursos y programas del Centro relacionados con el divorcio, favor de contactar con:
DivorceRecovery@MarriageStudies.com